고대교회 예배로 돌아가자

예배의 개혁,
참된 교회 개혁의 길

예배의 개혁, 참된 교회 개혁의 길

지은이 유해무
펴낸이 이운연
초판발행 2013년 4월 24일
　2쇄 2016년 10월 1일

펴낸곳 그라티아출판사
주소 전남 여수시 충민로 175(상가1호)
전화 070-7164-0191
팩스 070-7159-3838
홈페이지 http://www.4re.co.kr
이메일 luypark@nate.com
디자인 디자인집 02-521-1474
ⓒ 그라티아출판사 2012

값 7,000원

ISBN 978-89-965712-3-0

Printed in Korea

고대교회 예배로 돌아가자

예배의 개혁,
참된 교회 개혁의 길

Reform of worship, Way of true reform of the Church

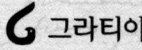
그라티아

C·O·N·T·E·N·T·S

책을 열면서   06

chapter 1. 예배 개혁의 의미   10

1. 예배가 뭐길래?   10

2. 예배의 역동성   16

3. 예배 = 말씀의 예배 + 성찬의 예배   22

4. 고대교회의 예배   28

5. 예배와 집회의 차이   35

6. 십계명과 사도신경 그리고 주기도문   40

  1) 십계명   41

  2) 사도신경   42

  3) 주기도문   45

7. 설교   46

8. 세례 52
  1) 세례 받음의 의미 52
  2) 세례와 기독교 교육 57
9. 성찬 59
  1) 성찬의 깊은 의미 59
    - 십자가를 넘어 재림까지
  2) 성찬 집례의 구체적인 예 65

chapter 2. 한국 교회의 공예배와 교회의 개혁 70
1. 한국교회의 공예배 전통과 미국적인 배경 72
2. 미국교회와 종교개혁의 예배 이해: 설교 중심 82
3. 공예배의 회복 89
4. 예배 집례자의 책임과 예배의 개혁 100

책을 열면서

교회는 예배공동체이다. 곧 예배가 있는 곳에 교회가 있다. 교회는 언약공동체이다. 예배에서 언약의 주인이신 삼위일체 하나님과 언약 백성인 예배자가 만나 사귀고 교제하며 언약을 갱신한다. 예배는 이처럼 역동적인 언약 사건이며, 동시에 종말론적 대망을 향하게 한다. 이 작은 책이 독자들에게 유익을 끼쳐 예배에서 삼위일체 하나님과 교제함으로 힘을 얻고 세상을 하나님의 나라로 만들기를 진심으로 기원한다.

이 책의 1, 2부는 원래 하나의 글이 아니다. 하나는 대학생들을 상대로 쓴 글이다. SFC(고신 교회의 학생신앙운동)의 묵상집「날마다 주님과」에 연재했던 글을 모았다. 다른 하나는 논문이다. 고려신학대학원이 간행하는 교수

논문집 「개혁신학과 교회」(18호)에 기고했던 글이다. 그러니 연결이 약간은 어색하다. 하지만 '예배의 회복, 예배의 개혁'이라는 필자의 필생의 고뇌는 독자가 누구냐에 따라 달라지지 않기에, 하나의 책이 되기에 충분하다.

필자의 책을 다듬어 낸 그라티아 대표 이 운연 목사에게 감사를 전한다. 개혁교회의 전통에 대한 그의 깊은 사랑은 남다르다. 이 땅에서 개혁신학과 개혁교회를 회복하려는 그의 몸부림은 그라티아의 책들을 통해 잘 나타난다. 박수를 보낸다. 우리 주님께서 복 주셔서 그라티아의 책들이 많은 독자들을 만나기를 기원한다.

2013. 4. 15

유 해무

Chapter 1

예배 개혁의 의미

chapter 1
예배 개혁의 의미

1. 예배가 뭐길래?

우리는 의로운 하나님이 베푸신 사죄로 인하여 구원 받은 자들이다. 그러니 구원을 기뻐하고 즐거워해야 한다. 그러나 좀 더 엄격하게 말하자면 우리는 '우리의 구원'이 아니라 '구원의 하나님'을 기뻐하고 즐거워해야 한다.

"나는 여호와를 인하여 즐거워하며 나의 구원의 하나님

을 인하여 기뻐하리로다."

-하박국 3:18

    구원 받은 백성은 구원에만 머물러 있어서는 안 된다. 구원을 베푸신 하나님께 영광을 돌리고 찬양을 드려야 한다.

    구원의 하나님을 기뻐하고 즐거워하며 영광과 찬양 올림이 예배이다. 이처럼 예배는 구원에 기초한다. 구원의 하나님과 구원받은 자의 만남과 교제가 예배이다. 만남과 교제는 일방적일 수는 없다. 일방적인 지시와 명령은 만남이나 교제가 아니다. 맹목적인 순종이나 기원도 만남이나 교제가 될 수 없다. 진정한 교제와 예배에는 지시나 명령, 순종과 기원이 없다는 뜻은 결코 아니다. 다만 왜 지시하며 명령하고 왜 순종하고 기원하는지에 대하여 미리 쌍방의 의논과 합의가 있었다. 서로가 약속했다. 우리는 이런 약속을 '언약'이라고 부른다. 성경의 두 부분인 구'약'과 신'약'은 이런 언약이다. 언약은 언약 당사자 간의 협약을 뜻한다. 언약의 당사자는 구원의 하나님과 구원받은 자들이다.

    그런데 이 당사자는 대등하지 않다. 그러므로 언약은 하나님의 언약이다. 여호와 하나님은 아브라함과 언약을 맺으면서 "내 언약"(창 17:2, 4, 7, 9, 10, 11, 13, 14, 19, 21)이라 하셨다. 언약의 약속을 하나님께서 일방적으로 아브라함에게 주셨기 때문이다. 언약의 약속은 "너와 네 후손의 하나님이 되리라"(창 17:7)이다. 이로써 아브라함과 그의 후손은 이 하나님의 언약백성이 되었다. 아브라함은 대등하지 않은 당사자였으나 이 일방적인 약속으로 인하여 약속하시는 하나님과 대등한 당사자로 승격되었다고 볼 수 있다. 이처럼 이 언약 자체가 은혜이다. 이 은혜에 기초하여 언약의 쌍방은 만나고 교제하며 사귄다. 만남과 사귐이 언약의 목적이다. 예배는 이와 같이 언약적 사건이다. 언약의 기초 위에 예배가 있다. 언약과 예배는 상호 교제라는 공통의 성격을 지니고 있다.

"나의 나 된 것은 하나님의 은혜로다"(고전 15:10)는 말씀은 언약을 창설하시는 하나님의 주도권을 뜻한다. 하나님은 우리의 하나님이 되시려고 언약을 세우시고 이 언약을 실천하려고 언약의 중보자 예수 그리스도 안에서 먼저 우리를 찾아오셨다. 예수님은 하나님께서 우리에게 오시는 길이다. 그렇기 때문에 예수님은 우리가 하나님께 나아가는 길이다. "나로 말미암지 않고는 아버지께로 올 자가 없느니라."(요 14:6). 우리는 오직 예수님의 이름으로 하나님 아버지를 부를 수 있다. 예수님을 통하지 않고는 아버지께 나아갈 자가 없다. 예수님은 언약의 당사자인 하나님과 우리를 연결시키시는 통로요 중보자이다. "하나님과 사람 사이에 중보자도 한 분이시니 곧 사람이신 그리스도 예수라."(딤전 2:5) 이를 루터는 십자가의 신학에서 잘 설명하였다. 우리의 하나님은 오직 십자가의 예수 그리스도를 통해서만 우리의 아버지이시다. 예수 그리스도는 말하자면 하나님과 우리가 만나는 장소이다. "너희가 이 성전을 헐라 내가 사흘 동안에 일으키리라"(요 2:19). 이 말씀은 성전 된 자기의 몸을 가리켜 하신 말씀인데(요 2:21), 예수 그리스도 그 분은 하나님과 우리가 만나는 성전이다. 그러므로 예배는 언약에 기초한 예배이기 때문에 기독론적이어야 한다. 즉, 예수님의 존재와 사역이 중심이 되는 예배여야 한다.

코람데오[1]의 삶은 그 자체가 예배이다. 우리의 삶 자체가 언약적 삶이기 때문이다. 우리는 사람과 더불어 살아간다. 그러나 사람에게 행한 모든 일은 근원적으로 하나님에게 행한 일이다. 다윗도 자신이 우리아나 밧세바가 아니라 "여호와께 죄를 범하였노라"(삼하 12:13)고 고

---

[1] 코람데오의 정확한 의미를 이해하려면, 필자의 책 『코람데오』(그라티아, 2012) 참조 바람.

백하였다. 하나님을 대하는 태도가 이미 사람을 대하는 태도를 결정한다. 하나님과의 언약적 관계가 우리의 생각 뿐 아니라 드러난 말과 행동을 앞서 간다. 우리는 우리 "몸을 하나님이 기뻐하시는 거룩한 산 제사로" 드려야 한다 이것이 '영적 예배'(롬 12:1)이다. 예수님의 몸이 성전이듯이 이제는 우리의 몸도 "성령님의 전"(고전 6:19)이다. 우리 몸에 하나님이 임재하신다. 우리 몸이 중보자라는 뜻이 아니라, 예배의 처소라는 강한 표현이다. 이처럼 예배는 광범위한 의미를 지닌 성령론적 사건이다.

그런데 우리는 '예배'하면 주일날 교회에서 성도들이 함께 모여 하나님께 드리는 예배를 쉽게 떠올린다. 당연한 일이다. 주일 예배는 독특한 의미를 지닌다. 우리의 전 삶이 예배이지만, 주일에 우리는 형제 자매들과 함께 모여서 구체적으로 정하여진 예배를 드린다. 주일 예배에서도 하나님과 우리의 만남과 교제가 본질적이다. 이 때문에 예배를 '드린다'는 표현은 부분적이라 하겠다. 예배에서 하나님과 우리는 주고받고, 받고 드리는 상호 교제를 나눈다. 하나님은 우리를 예배로 초청하고 사죄를 선언하시며 말씀으로 우리에게 은혜를 베푸시며 말미에는 복을 선언하셔서 우리와 항상 함께 하겠다 약속하신다('축도'를 말한다. '강복선언'이 더 정확한 표현이다.). 우리는 죄를 고백하고 찬송을 부르며 기도를 드리고 헌금을 드림으로써 몸을 드리는 영적 예배를 표현한다. 십계명 교독은 상호 교제를 기본으로 하는 언약을 갱신하는 행위이다.

주일 예배를 통하여 우리는 하나님과 교제할 뿐 아니라 형제 자매들과도 교제한다. 이 성도의 교제는 '악인들과 죄인들과 오만한 자들'(시 1:1)의 틈바구니에서 에워싸여 있는 성도 각자가 '의인의 회중'(시 1:5)을 이루면서 서로 격려하고 새로운 용기를 얻는 현장이다. 예배는 이처럼 언약적 사건이며 교제라는 특성을 지닌다. 그러므로 예배는 활기차며 기쁨과 희락이 넘쳐야 한다. 예배는 위엄과 존귀를 가지신 영광의 하나님과의 만남이다. 그러니 예배는 근엄해야 한다. 하지만, 이 하나님은 동시에 자비롭고 사랑이 풍성하신 우리의 아버지 하나님이시다. 그러므로 예배는 밝고 유쾌해야 한다. 이 양면성을 잘 조화시켜야 올바른 예배를 드릴 수 있다.

이제 예배의 다양한 측면들을 살피면서 현재 우리가 알고 있는 예배가 더 활력을 지니도록 머리를 맞대어 보자.

2. 예배의 역동성

우리는 '우리의 구원'에만 머물지 말고 '구원의 하나님'을 기뻐하고 즐거워해야 한다. 구원받은 이들이 구원의 하나님을 찬양함과 그분께 영광 돌림이 예배다. 예배는 구원받은 자가 하나님께 드리는 찬양의 행위이다. 그렇다 하여 예배에서 우리가 주도권을 갖는다는 말은 아니다. 예배는 구원을 베푸신 하나님께 감사드리는 반응 행위이기 때문이다. 예배를 주관하시는 분은 하나님이시다. 예배는 구원의 하나님과 구원받은 성도 간의 만남이요 교제요 사귐이다. 이 교제는 언약의 특징이기도 하다. 하나님은 우리의 하나님이 되시려고 이스라엘을 애굽에서 인도하여 내셨고, 예수 그리스도의 십자가와 부활을 통하여 우리를 죄와 죽음에서 구원하셨다. 이 언약으로 인하여 우리는 죄인의 신분에서 의인이 되어서 하나님과 교제할 수 있는 상대가 된다.

우리는 하나님께서 예수 그리스도 안에서 행하셨던 이 구원 사건을 주일 예배에서 성령의 능력으로 회상하며 재현하고 다시 체험한다. 예배에서 삼위 하나님께서는 항상 주도권을 가지고 우리에게 나아오신다. 우리를 예배로 부르시며, 십계명에서 구원의 본질과 감사의 삶의 원리를 선포하시고, 설교를 통하여 우리에게 말씀하시며, 복을 선언하심으로써 우리와 영원토록 동행하겠다고 약속하신다. 세례는 삼위 하나님께서 수세자(受洗者, 세례 받는 사람)를 자기의 소유로 삼으신다는 선언이며, 성찬은 부활하신 그리스도께서 성령님 안에서 우리 가운데 임재하심을 표상한다. 이 측면은 위에서 아래로 임하는 예배의 모습이다.

여기에 성도들은 응답한다. 우리는 우리를 예배에 불러주신 하나님을 찬양하며, 참회의 기도를 드리고, 사죄 선언에 대하여 감사의 찬송을 바치며, 사도신경으로 우리의 신앙을 고백하고, 설교 말씀에 '아멘'으로 화답 찬송을 부르며, 영원한 동행을 약속하실 때에 다시 아멘으로 응답한다. 이 측면은 아래에서 위로 향하는 예배의 모습이다. 위에서 아래로 임하는 세례와 설교 말씀과 성찬이 예배를 형성하는 기본 요소이다. 이에 대한 응답으로 아래에서 위로 향하는 순서들이 예배의 요소가 된다. 우리는 이 두 가지 측면을 염두에 두고서 앞으로 예배의 순서들을 계속 살펴나가고자 한다.

예배는 구원의 하나님을 찬양하는 고백이며 예배자는 고백자가 되어야 한다. 고백의 내용은 "주는 그리스도시요 살아 계신 하나님의 아들입니다."인데, 이 고백에는 예수님의 아버지 하나님과 그분이 보내신 보혜사 성령님을 향한 고백이 동시에 포함되어 있다. 예배가 고백이라면, 예배는 삼위 하나님과 더불어 누리는 교제라는 말이다. 사도신경은 "성부, 성자, 성령 하나님을 '내가' 믿습니다."라고 고백한다. 그러나 이 고백은 결코 개인주의적인 고백은 아니다. 우리 주님이 '나'를 구원하시지만, 그분은 '자기 백성을 저희 죄에서 구원할 자'(마 1:21)이시다. 나는 하나님의 백성의 일원으로서 구원받는다. 마찬가지로 이 구원에 대한 고백도 '내'가 하지만, 나는 이미 하나님의 백성의 일원이요 교중(敎衆)의 하나로서 고백한다. 예배가 고백이라면, 예배는 결코 개인주의적이지 않다. 예배는 성도들과 함께 모여서 삼위 하나님과 나누는 사귐이기 때문에 집단적이며, 정확하게 말하자면 언약적이다. 여호와 하나님의 부름을 받고서 언약의 법인 십계명을 받기 위하여 시내산에 모였던 이스라엘 무리들을 생각하여 보라. 이 무리들이 교회가 된다. 교회는 예배 공동체를 말한다. 예배 가운데서 우리는 교회를 이루며 교회의 일원이 된다.

    한국교회는 개인적이고 인격적인 회심과 중생 체험을 강조한다. 이것 자체는 아주 중요한 일이다. 그러나 이것이 개인주의적으로 변질될 위험이 있다. 구원파가 아니라 하더라도 교인들은 중생을 언제 체험하였는지를 말할 수 있음을 미덕으로 여긴다. 그래서 '나는 언제 예수님을 영접하였다'는 간증을 종종 들을 수 있다. 구원의 기쁨 때문에 행하는 이런 벅찬 간증은 이해할 만하다. 그러나 곰곰이 생각하여 보자. 누가 누구를 먼저 영접하였는가? 예수님인가 아니면 '나'인가? 예수님께서 나를 영접하심이 먼저인가, 내가 예수님을 먼저 영접했는가? 예수님은 지금도 성령님을 통하여 "수고하고 무거운 짐 진 자들아, 다 내게로 오라"고 죄인들을 초청하신다. 개인적이고 인격적인 구원 체험을 하는 순간 삼위 하나님께서 먼저 이 구원을 이루어주셨음을 알게 된다. 우리는 이 근본을 예배 공동체인 교회에서 배운다. 예배의 주도권자는 하나님이시지 않은가. 예배에 대한 올바른 이해는 개인주의적으로 변질될 수 있는 신앙 체험을 올바르게 교정시켜준다.

한국교회는 성경 읽기와 기도와 찬양을 강조한다. 우리 교회는 이 점에서 세계 교회 가운데서 제일 모범적인 교회이다. 크게 자랑할 일이다. 그럼에도 불구하고 한국교회는 가장 분열이 심하다. 여기에는 개인주의적인 아집과 주도권 싸움이 가장 큰 원인이라는 지적을 받는다. 교회를 말하면서도 교회가 무엇인지를 제대로 배우지 못한 아픈 현실을 볼 수 있다. 예배 공동체로서의 교회를 바로 배우지 못했다는 말이다. 이를 염두에 두고서 큐티(QT, Quiet Time, 개인성경 묵상시간)를 살펴보자. 큐티는 성경을 읽고 묵상하는 좋은 방법이지만, 주관적으로 빠질 위험을 안고 있다. 이를 바로 잡기 위해서 예배 공동체가 함께 듣는 설교 말씀이 중요하다. 설교의 본질은 삼위 하나님께서 우리를 위하여 행하셨던 구원 사역을 교중이 함께 모여 다시 듣고 그 구원에 참여하게 하는데 있다. 구원 사건에 대한 강해와 선포인 설교의 연장선에서 개인적인 큐티가 행해져야 한다. 즉, 예배에서 들은 설교를 묵상하는 것이 더 바람직하다.

기도도 마찬가지이다. 본래 목회 기도 역시 삼위 하나님께서 행하셨던 구원 사역을 교중과 함께 하나님 아버지께 고하는 기도이었다. 우리의 기도도 개인적인 간구에 앞서 구원의 하나님을 찬양하는 기도가 되어야 한다. 찬양 또한 마찬가지이다. 찬양도 원래 구원의 하나님의 구원 사역을 언급하면서 바쳐야 한다. 그런데 체험을 강조하는 교회일수록 이런 찬송은 드물고 개인의 구원 체험을 내용으로 하는 고백의 노래가 많다. 그러나 이런 노래는 예배의 찬송으로는 부적당하다. 이런 관점에서 한국교회 안에서 유행하고 있는 복음송들을 되짚어보아야 한다. 시편 찬송의 소중함을 생각하지 않을 수 없다. 성경의 시편은 개인적이고 주관적인 체험의 차원을 넘어서는 영감된 찬송들이기 때문이다. 우리는 예배를 바로 알고 바로 드려야 한다. 빠르게 부흥한 한국교회는 예배가 다양하고 아주 역동적이다. 예배의 주관자는 성령 하나님이시기 때문에 그 분 안에서 누리는 자유가 예배에서도 나타날 수 있다. 그러나 획일성을 거부하는 개신교회의 속성상, 그리고 분열된 한국교회의 상황에서 일관성을 지닌 예배를 찾아보기 어렵게 되었다. 예배에서도 우리는 보편성과 공교회성을 고려해야 한다. 모든 시대와 모든 곳에서 교회는 보편성을 지닌 예배를 항상 확인할 수 있었다. 한국교회도 그렇게 되어야 한다. 공교회적인 예배가 확립될 때, 한국 기독교는 '별종'의 기독교가 아닌, 면면히 흐르는 세계교회사의 주류 교회가 될 수 있다. 또한 장래의 세계 교회에 남겨줄 유산을 갖게 된다. 이 관점에서 우리는 한국교회 안에 유행하고 있는 이른바 '열린 예배'를 별도로 다루려고 한다.

주일 예배의 중요성을 바로 인식해야 한다. 주일 예배는 개인 경건 생활 뿐 아니라 삶으로서의 예배의 기본이요, 이런 포괄적인 예배적 삶을 살게 하는 힘을 뿜어내는 원천이다.

3. 예배=말씀의 예배 + 성찬의 예배
-고대교회의 예배 1

예배는 언약적인 만남과 교제이다. 예배 중에 언약의 하나님은 자기를 주시며 언약 백성인 교중은 자신을 하나님께 드린다. 예배는 이처럼 삼위 하나님께서 주시는 부분과 교중이 드리는 부분으로 구성된다. 영어로 '예배(Worship〈weorth-scripe〉'는 '훌륭함을 인정하다(to ascribe worth)는 뜻을 지닌다. 언뜻 생각하기에는 인간이 하나님을 향하여 행하는 태도이겠지만, 실상은 하나님께서 타락한 인간과 사귀시려고 자신을 낮추시고 그리스도 안에서 인간을 훌륭하다고 인정하시는 태도가 선행한다. 예배에서 우리는 죄인이 아니라 의인으로 하나님 앞에 선다. 이를 바로 인식해야 예배의 의미를 바로 이해할 수 있다..

필자는 현재의 예배에 개혁되어야 할 요소가 있다고 본다. 예배의 개혁을 '고대교회의 예배의 회복'으로 방향을 잡고자 한다. 고대교회의 예배는 말씀의 예배와 성찬의 예배로 이루어졌다. 즉 이 두 부분이 합하여 한 '예배'를 이루었다. 현재 한국교회를 비롯하여 대부분의 세계교회에서 시행되고 있는 예배에는 제2부 성찬 예배가 생략되었다. 이 배경에는 종교개혁의 예배 갱신이 자리 잡고 있다. 종교개혁은 타락된 중세 예배를 개혁하면서 예배의 중요한 틀까지도 바꾸어 놓은 셈이다.

고대교회의 예배 형태에 대해서 많은 자료가 없기 때문에 이를 정확하게 복원하기는 쉽지 않다. 그럼에도 불구하고 고대교회의 예배의 기본 구조는 여러 자료들을 통하여 어느 정도 파악할 수 있다. 최초의 문헌은 주후 110년경 소아시아 어떤 지역의 총독이 자기 지역에 있던 기독신자들의 예배에 대해서 로마 황제에게 보낸 보고서이다. 이 보고에 의하면, 기독 신자들은 정해진 날 동이 트기 전에 모여 한 목소리로 그리스도를 하나님으로 찬송하고 도둑질, 약탈, 간음, 배교와 배신 등을 하지 않기로 서약한다. 이때의 예배는 찬양과 십계명 낭독, 기도 등으로 이루어졌다. 그리고 헤어졌다가 저녁에 다시 모여 아주 평범한 식사의 모임을 가진다. 그런데 총독이 이런 저녁 모임을 금하자 이들은 순종하였다고 한다. 이 때문에 이들은 오전에 모여서 말씀의 예배를 행하고 이어서 빵과 물을 섞은 포도주를 가지고서 성찬 예식에 준하는 간단한 식사를 하였다. 이와 같이 고대교회에서는 말씀과 성찬이 예배의 주요 부분을 이루었고, 그 사이에는 간단한 식사가 있었다.

이 당시의 예배 처소는 지금과 같은 교회당은 아니었다. 예배는 공적인 성격을 지니고 있었지만, 자유를 얻지 못한 교회는 가정집에서 모일 수밖에 없었다. 그랬기에 도리어 공동의 식사를 나누기 쉬웠던 듯하다. 교회의 예배는 유대교의 예배로부터 그 형식을 이어받았다. 예수님 당시의 유대교에는 성전 예배와 회당 예배가 병행되고 있었다. 그런데 성전이요 제물인 예수 그리스도께서 십자가와 부활을 통하여 예루살렘의 성전이 지닌 예배적인 의미를 완성하셨다. 회당예배는 성전예배와는 달리 제사가 없었고, 주로 구약(토라)을 낭독하고 그 말씀을 강해하는 양식이었다. 물론 기도와 시편 찬송도 행해졌다. 고대교회는 말씀의 예배와 성찬을 함께 시행함으로써 회당 예배와 성전 예배를 기독론적으로 결합한 고유한 형태의 예배를 확립하였다.

고대교회의 예배의 절정은 성찬, 곧 '주의 만찬'(고전 11:20)이라 할 수 있다. 성찬은 매주 모일 때마다 시행했다. 즉 예배에는 성찬이 반드시 포함되었다. 주님은 잡히시던 밤에 성찬을 제정하셨다(고전 11:23 이하). 바울이 이 최초의 성찬을 유월절 식사였다고 말하지는 않지만, 유월절 식사 중에 제정하셨음은 분명하다(막 14:12 이하). 혹자들은 성찬이 예수님의 십자가와는 관계가 없다고 한다. 대신 유대인의 공동식사 풍습에서 그 기원을 찾으면서 교제의 식사라고 본다. 그러나 예수님은 자기 속에서 성취될 유월절의 식사 중에 새로운 식사, 곧 성찬을 제정하셨다. 예수님께서 제정하신 이 성찬은 통상적인 유월절 식사에는 없는 절차이었다. 이처럼 예수님은 유월절을 풍습대로 지키시면서도, 특정 요소를 취하시고 거기에다 새로운 내용을 부여하셨다. 예수님께서 성찬을 제정하실 때에는, 떡을 떼고[분병(分餠)] 잔을 나누는[분잔(分盞)]는 사이에 식사가 있었다. 예수님은 먼저 떡을 가지고 축사하신 뒤에 "이것은 너희를 위하는 내 몸이니 이것을 행하여 나를 기념하라."하셨다(고전 11:24). 이어서 식사가 나오는데, 이를 '애찬'이라고 한다. 그리고 포도주 잔을 주셨다. 그러나 나중에는 먼저 식사를 하고, 식후에 성찬의 떡과 포도주를 별도로 취했던 것으로 보인다. 애찬은 상당 기간 동안 계속되었지만, 점차 소멸하였고, 성례로서의 성찬만이 남게 되었다.

고대교회는 성찬을 행하려고 모였다. 지금 구교의 미사가 비록 왜곡되었지만, 바로 이 점에서는 고전적 형태의 예배를 계승하고 있다 하겠다. 고대교회의 예배는 크게 두 부분으로 이루어졌다. 먼저 사도들의 편지와 예수님의 어록을 읽고, 찬양하고 기도하는 첫 부분과, 세례교인들만이 참여하는 둘째 부분인 성찬으로 나누인다. 기도가 끝이 나면, 세례교인들만 남고 어린이와 학습자들은 모인 장소를 떠난다. 고대교회는 세례교인들만의 성찬 참여를 고수하였으며, 성찬의 시행이 이처럼 엄격하였다. 여기에는 성찬에 대한 아주 올바른 이해가 전제되어 있다. 무엇보다도 성도들은 성찬에 참여함으로써 교회가 된다는 근본적인 가르침을 전수받았다. 세례와 성찬이 시행되는 그곳이 바로 교회이다. 그러므로 자신들이 직접 성찬에 소요되는 떡과 포도주를 가지고 와서 집사에게 주어 성찬상에 모았다. 즉 성찬은 한 몸이 되는 의식임을 가시적으로 체험하도록 만든다. 성찬에는 세례받은 모든 성도들이 참여할 권리와 의무를 가진다. 그러므로 특정 계층이나 교회 안의 집단이 모이면 교회라 하지 않고, 단순한 '모임 혹은 집회'라 하였다. 주후 3세기까지는 교회가 '교회당'이 아니라 엄숙한 예배 회중이었다. 물론 일단의 신자들이 기도회나 애찬을 위하여 모이기도 했으나, 이런 모임은 교회가 아니라 그냥 모임이라 불렀다.

    우리는 지금 어느 곳에서도 행하여지고 있지 않는 고대교회의 예배 양식을 살펴보았다. 예배에는 말씀과 성례가 있으며, 말씀과 성례로 이루어져야 '예배'라 부를 수 있다. 성례가 빠지고 말씀만 있는 모임은 엄격하게 말하자면 예배가 아니라 그냥 '모임'이다. 종교개혁자들은 로마교의 타락한 미사를 비판하면서 성찬의 위치를 극도로 제한하였고 말씀과 설교 위주의 예배를 정착시켰다. 이 때문에 개신교회의 예배는 본의 아니게 빈약해졌다. 이런 역사를 잊어버린 채 '예배'라는 말을 광범위한 의미로 사용하고 있다. 무조건 틀렸다고 하고 싶지는 않다. 그러나 예배의 본래적 의미를 염두에 두면서 가정예배, 구역예배, 열린 예배 등을 사용해야 한다고 본다. 개인적인 큐티는 예배의 설교와 연관되어야 건전하게 행해질 수 있다. 마찬가지로, 이런 식의 예배도 본래적인 예배와 연결시킬 때만, 그 의미를 지닐 수 있다. 예배라는 표현 대신에 새벽기도회, 수요기도회 또는 경건회라는 말이 생겨났다는 것도 기억해둘 필요가 있다.

그리고 애찬의 예배적 의미를 회복할 필요가 있다. 물론 한국교회의 주일 점심식사는 위에서 살핀 예배의 원래 양식을 회복하려고 도입된 애찬은 아니다. 하지만 이 점심식사를 가지고 고대교회의 애찬을 복원시킬 수 있다는 관심과 신학적인 토론이 필요하다. 이를 통해 애찬의 의미를 정립한다면 다음 세대 교회에 넘겨줄 신학적 공헌이 될 것이다.

4. 고대교회의 예배 2

우리는 예배의 주요한 두 부분이 말씀과 성례임을 보았다. 그런데 중세 로마교회는 말씀의 위치를 약화시켰고 이를 개혁하려는 종교개혁의 전통은 성례의 의미를 약화시켰음도 살펴보았다. 우리의 목표는 말씀과 성례의 균형 있는 회복이다. 이를 위하여 고대교회의 예배에는 어떤 요소들이 있었는지를 살펴보려고 한다.

바울은 예배에서의 질서를 강조하였다(고전 14:40). 예배에는 찬송시와 말씀과 계시와 방언과 통역이 있다(고전 14:26). 질서를 강조하였지만 순서가 확정되어 있지는 않았다. 게다가 인도자가 뚜렷하게 있었던 것도 아니었다. 또한 성찬이 언급되지 않고 있는 것으로 보아 고린도전서 14장이 예배가 아니라 집회를 말할 가능성도 있다. 이 본문을 예배에 대한 근거로 삼는 퀘이크교의 주장은 논거가 약하다. 다만 이 본문이 예배의 주요한 요소들을 지적하고 있는 것은 사실이다. 성경에는 예배에의 부름이 있다. "원컨대 주의 거룩한 처소 하늘에서 하감하시옵소서."(신 26:15) 그리고, 언약의 법인 십계명은 전문이 두 번

나올 뿐 아니라 부분적으로는 여러 곳에 나온다(렘 7:9; 롬 13:9). 또한 성경에는 여호와의 구속 사역을 나열하면서 하나님께 올려드리는 찬양이 많이 나온다. 특히 시편은 이런 목적을 위하여 지은 시이다. 예수님의 사역을 통하여 우리는 그분께서 예배에서 성경을 읽으시는 방식과 설교의 의미를 파악할 수 있다. 예수님은 안식일에 나사렛의 회당에서 선지자 이사야의 글을 읽으신 뒤에 설교하셨다(눅 4:16-27). 사도행전과 서신서에도 성경 읽기와 설교에 대한 많은 예가 있다. 바울은 비시디아 안디옥의 회당에서 성경을 읽고 설교하였다(행 13: 14-41). 예수님은 성찬을 제정하시면서 감사의 기도를 하셨다(마 26:27). 세례를 받기 위한 신앙고백의 예도 나온다(행 8:37)[2]. 회중의 아멘도 있으며(고전 14:16), 찬송시도 있다(엡 5:19). 또 예배 시작 인사(고전 1:3)와 강복 선언(고후 13:13 / benediction)이 있고, 송영도 있다(딤전 1:17). 개신교회에서는 사라진 거룩한 입맞춤도 있다(고전 16:20).

---

[2] 이 본문은 신약의 모든 사본에 다 나타나지는 않다. 에라스무스는 헬라어 신약성경을 출판(1516년)하면서, "사본 필사자들의 부주의로 이 절이 누락되었다."고 하면서 첨가시켰다. 우리 성경에는 '없음'으로 표기되어 있고 난외주로 처리했다.
"빌립이 이르되 네가 마음을 온전히 하여 믿으면 가하니라 대답하여 이르되 내가 예수 그리스도께서 하나님의 아들인 줄 믿노라."

성경에 나오는 이런 요소들이 기초가 되어서 후대의 예배가 형성되었다. 신약교회의 예배는 기독론적이고 종말론적이었다. 교회는 죽으시고 부활하셨고 승천하신 예수 그리스도의 신속한 재림을 고대하였다. 그래서 예배로 모일 때마다 성찬에 참여하면서 성찬에 임재하신 예수 그리스도와 더불어 교제하고 재림을 대망하였다. 성부께서 성자 안에서 베푸셨던 구원을 성령님과의 교제로 참여하고 체험하는 것이 예배였다.

1세기 말 책으로 추정되는 「열두 사도들의 가르침: 디다케」(분도출판사)는 성도들이 특정한 날, 곧 주일에 함께 모여 먼저 죄를 자복하고 떡을 떼며 감사드리라고 촉구한다. 특이하게도 먼저 포도주에 대해, 그리고 나서 떡에 대해 감사의 기도를 드린다. 그리고 각각 송영을 바친다. 거룩한 것을 개에게 주지 말라는 말씀(마 7:6)을 인용하면서, 오직 수세자만이 성찬에 참여할 수 있음을 강조한다. 성찬식을 마치면 교회를 위한 기도를 드리고, 예수님의 재림을 고대하는 '마라나타'(고전 16:22 '우리 주여 오시옵소서.'; 계 22:20)로 끝을 맺는다.

역시 1세기 말엽으로 추정되는 「클레멘스의 고린도전서」에는 하나님을 부르면서 드리는 성도들 자신과 권세 잡은 자들을 위한 장황한 기도문이 실려 있다. 순교자유스티누스의 「제일 변증서」(138년경)는 세례와 성찬과 함께 애찬을 설명한다. 주일에 도시와 주변에 사는 성도들이 함께 모여서 시간이 허락하는 대로 사도들의 저작인 복음서와 선지서들을 읽었다. 그리고서 사회자가 일어나 이 교리를 따라 살라고 권면하는 설교를 한다. 이에 회중은 일어나서 기도를 드린다. 기도를 마치면 빵과 포도주와 물을 가져와서 사회자가 감사의 기도를 드린다. 이에 회중은 아멘으로 화답한다. 사회자의 감사 기도는 후대의 로마교의 미사를 연상시킨다. 동시에 이 변증서에서는 말씀과 설교의 위치도 다른 이전 문서들보다는 더 분명하게 규명되어 있다. 220년 경 작품으로 추정되는 「사도적 전승」(분도출판사)은 갓 세례를 받은 신자가 처음으로 주기도문을 암송한다고 전해준다. 즉 수세자만 성찬에 참여할 수 있는데, 주기도문의 '일용할 양식'을 성찬과 연관시켜 이해하였다는 말이다.

이런 발전은 4세기 말로 추정되는 「사도적 규례」에서 어느 정도 정리되었다. 이 책은 고대동방교회의 예전을 요약하고 있다. 먼저 구약과 신약, 각각 두 곳의 말씀을 읽고 설교를 한다. 그리고나서 다양한 무리를 위한 기도를 하는데, 이 기도 중에 "주여 불쌍히 여겨주시옵소서"라는 회중의 응답이 여러 차례 나온다. 그리고서 어린이나 학습교인, 그리고 참회 중에 있는 수세자들은 퇴장한다. 다시 두어 번 기도하고 나서 거룩한 입맞춤을 하고 나서 성찬에 사용될 재료들을 집례자 앞에 있는 성찬상 위로 옮긴다. 집례자는 이 재료들이 아니라 마음을 위로 향하여 하나님을 보라고 권면한다. 그리고 창조와 섭리에 대하여 감사 기도를 하고 천사들의 노래인 세 번의 거룩을 부른다(사 6장). 이어서 구속에 대한 감사와 성찬 제정의 말씀과 그리스도의 사역에 대한 회상, 하나님께서 이 제사(롬 12:1)를 받아주시기를 구하는 기도와 성령께서 이 재료들을 주님의 살과 피로 변화시켜달라는 기도가 이어진다. 집례자가 '누가 거룩하냐?'고 물으면, 회중은 '한 분 예수 그리스도가 거룩하니 성부 하나님께 영광을 돌릴찌어다. 그에게 영광이 세세토록 있을찌어다, 아멘!'하고 화답한다. 그러면 영광송이 울려 퍼진다.

"높은 곳에서는 하나님께 영광이요 땅에서는 기뻐하심을 입은 자들 중에 평화로다. 찬양과 찬미를 드리며 영광을 돌리고, 위대한 대제사장이신 아드님을 통하여 경배를 드립니다. 아버지의 위대한 영광을 위하여, 창조되지 않고, 지어진 바 되지 않았고, 세상 죄를 스스로 짊어지신 흠 없는 어린양 성자에게 영광이 있을지어다. 스랍

들 중에 좌정하신 이여! 우리의 간구를 들으소서. 그리스도의 아버지시여, 주님만이 홀로 거룩하나이다. 그를 통하여 영광을 돌리오니 받으시옵소서. 성자를 통하여 성령 안에서 아버지 하나님께만 영광과 존귀과 귀함이 세세토록 있을지어다. 아멘!"

찬양대가 시편34편을 부르는 사이에 집례자는 참여자들에게 감사하라고 권면하고 복을 선언(강복선언)하면서 예배는 끝이 난다.

우리는 앞으로 예배의 순서들을 살피고자 한다. 이에 앞서 위에서 거론된 부분들에 대하여 정리해볼 필요가 있다. 지금 우리의 예배 순서들이 이미 교회 역사의 초기부터 정착되어 있었다는 점이다. 예배에의 부름이나 십계명, 시편찬송과 설교, 세례와 신앙고백(사도신경), 감사기도와 성찬과 주기도문, 간구, 찬양대의 찬양과 강복 선언 등이 이미 고대교회의 예배에서 주요한 자리를 차지하고 있었다. 물론 사라진 요소도 있다. 가령 거룩한 입맞춤이다. 또 성령께서 성찬에 임재하시기를 청하는 기도는 사라졌다. 대신에 한국교회에서는 설교 전에 설교와 설교자 위에 성령께서 임하시기를 대표 기도자나 설교자가 간절하게 기도한다. 이런 순서들은 성경적 근거 위에서 점진적으로 예배에 도입되었다. 기독교문화나 사회 참여를 논할 여유도 없을 정도로 고난과 핍박 중에 살았던 고대교회는 삼위 하나님을 향한 자신들의 신앙을 주일 예배에서 전부 다 표현하였다고 하여도 과언이 아니다. 그런데 예배에는 우리가 하나님께 드림 이전에 하나님께서 우리에게 주심이 선행함을 우리는 이미 살폈다. 예배는 하나님과 인간의 관계를 상징적으로 대변한다. 이 관계는 말씀과 성례, 감사와 찬양이라는 주고받는 순서를 통하여 가시화된다. 예배에 대한 이런 기본적인 입장을 정리하면서 예배 순서들을 살펴야 한다.

우리 예배에는 위에서 살펴본 주요 순서들이 다 들어있음을 쉽게 알 수 있다. 그러므로 우리는 우리 예배의 요소와 순서마다 어떤 성경적 의미와 교회 전통의 배경이 들어있는지를 살펴보아야 한다. 나아가 이제는 우리가 예배에 어떤 새로운 순서를 더 넣어도 되는지를 반성해야 한다.

5. 예배와 집회의 차이
- 고대교회의 예배 3

예배는 하나님과 백성들이 만나는 언약적 사건이다. 그러므로 하나님께서 자기 백성에게 나아오시며 백성도 하나님께 나아간다. 고대교회 때부터 예배는 이 양면성을 포함하면서 두 부분으로 이루어져 있었다. 그렇지만 예배 순서가 획일적으로 고정되어 있지는 않았다. 기본적인 요소들은 고정되어 있었지만 지역과 시대에 따라 다양성이 나타난다. 이제 그 예배의 구성을 대략적으로 살펴보려고 한다.

제 1부. 말씀의 예전
- 사죄의 기도
- 성경봉독:
  - 율법서, 예언서, 서신서, 사도행전, 복음서 등 봉독
- 시편송(성경봉독 중간에) - 찬양대
- 설교
- 학습교인 퇴장

제 2부. 다락방 예전(성찬의 예전)

- 집례자의 기도
- 인사
- 거룩한 입맞춤
- 봉헌: 시편찬송을 부르면서 헌금과 떡과 포도주 준비
- "마음을 위로 향하여" 선언
- 성찬 기도
    - 창조와 섭리에 대한 감사
    - '거룩하다'를 세 번 찬송
    - 구속에 대한 감사의 기도
    - 성찬 제정사
    - 예수님의 고난 회상
    - 성령님의 강림을 위한 기도
    - 중보의 기도
- 주기도문
- 영광송(눅 2:14)과 호산나 찬송(마 21:9)
- 떡과 포도주를 나눔
- 성찬 참여: 시편 34편 찬송
- 감사 기도
- 강복선언(축도)
- 폐회

고대교회의 예배가 처음에 어떻게 시작되었는지는 불분명하다. 그러나 제 1부 말씀의 예배가 사죄의 기도로 시작되었음은 분명하다. 찬양대는 성찬대의 계단 밑에서 성경 봉독 사이사이에 찬양하였다. 그리고 설교가 있었는데 지금 우리가 알고 있는 설교보다는 상당히 단순한 형태였다. 설교 후에 집사는 학습교인들을 위하여 기도하고 그들을 돌려보냈다.

2부 성찬 예배는 집사의 기도로 시작된다. 그리고 집사가 "주님의 평화가 함께 하시기를!"이라고 인사하면 온 회중이 화답하고 서로 거룩한 입맞춤을 나누었다. 그러면 시편찬송을 부르면서 성찬을 위한 본격적인 준비가 시작된다. 준비가 다 되면 집례자는 회중과 인사를 나누면서 "마음을 위로 향하여!"라고 권고한다. 즉 성찬의 떡과 포도주를 먹고 마시지만 부활하신 주님이 계신 하늘을 바라보라는 권고이다. 그리고 창조와 구속에 대한 감사 기도를 드리고 예수님께서 성찬을 제정하셨던 말씀을 읽는다. 집례자는 성령님께서 성찬에 임재하셔서 실제로 예수 그리스도를 먹고 마실 수 있게 해달라고 기도드린다. 그리고 주기도문을 낭독한다. 고대교회는 주기도문에 나오는 '일용할 양식'에 영의 양식인 성찬도 포함되어 있다고 이해하였다. 거룩한 입맞춤은 주기도문에 나오는 사죄의 기도에 근거하여 서로 용서하는 표적으로 도입되었다.

집례자가 떡을 부수고 떡과 포도주잔을 들어올리면서 '거룩하시다'고 선언하면 회중은 '주 예수 그리스도는 거룩하시다'고 화답하였다. 그리고 회중은 질서 있게 앞으로 나와서 떡과 포도주를 받았다. 이때에도 시편찬송을 불렀던 것 같다. 집례자가 감사의 기도를 드리고 복을 선언(강복선언)함으로써 성찬의 예배를 마쳤다.

이때의 예배를 자세하게 볼 수 있는 자료는 거의 없기 때문에 상세하게 복원하기는 어렵다. 그렇지만 이와 같이 대강의 모습은 재구성할 수 있다. 구체적으로 격식이 갖추어져 있지는 않았지만 기도문은 점차 정형화되고 있었다. 당시의 형편상 교회들 간의 교류는 쉽지 않았겠지만, 대동소이한 예배 양식이 점차 갖추어졌다. 이렇게 2부로 구성된 예배는 대략 3시간정도 소요되었을 것으로 추정된다. 특히 2부의 성찬 예배가 1부의 말씀 예배보다 더 길게 진행되었음도 미루어 짐작할 수 있다. 세월이 흐르면서 1부의 성경 낭독은 구약과 신약으로 단순해진데 반하여, 2부에는 기도도 많이 있고 성찬 제정사나 예수님의 고난에 대한 회상은 그대로 유지되었다. 그리고 집례자와 집사가 예배를 인도할 뿐 아니라 회중이 보다 적극적으로 참여하였다는 점도 눈에 띈다. 회중은 예배 중에 시편을 부를 뿐 아니라 기도 다음에 '주여 불쌍히 여기소서, 아멘'으로 화답하였다. 시편을 많이 불렀다는 사실도 눈여겨 볼 만하다. 또 성찬을 앉아서 받지 않고 앞으로 나가서 직접 집례자로부터 떡과 포도주를 받았다. 이 모든 것들은 고대교회의 예배가 전체적으로 아주 역동적이었음을 보여준다.

고대교회의 예배에서 성찬의 예배가 그 정점이었음을 알 수 있다. 긴 성찬 예배에 학습자를 배제한 것은 고대교회가 성찬과 성찬에 참여 자격으로서의 세례를 어떻게 이해하고 있었는지를 잘 보여준다. 한국교회 안에서는 세례와 성찬의 성례가 비교적 무시당하고 있다는 점을 우리는 반성해야 한다. 세월이 흐르면서 중세에 이르면 말씀과 설교는 최소화되고 성찬의 예배는 미사로 변질되고 말았다. 이 때문에 종교개혁자들은 말씀의 예배를 회복하였다. 그러나 결과적으로 개신교회는 성찬의 예배를 최소화하였을 뿐 아니라 예배에서 회중의 적극적이고 능동적인 참여도 사라지고 말았다. 앞으로 예배의 역사를 살피면서 우리는 균형 있는 예배의 회복을 도모하려고 한다.

6. 십계명과 사도신경 그리고 주기도문

예배는 언약적 사건이다. 하나님과 회중은 예배 가운데서 언약적 교제를 가진다. 예배는 하나님이 주관하시는 잔치이다. 하나님은 자기 백성을 초청하여 언약의 잔치를 벌이신다. 그러므로 예배는 하나님의 초청으로 시작하여, 하나님의 파송으로 마친다. 그 중간에 하나님께서 당신을 주심과 회중이 자기를 바치는 행위가 교차적으로 일어난다.

하나님의 부름을 받아 예배에 참여하면, 우리는 거룩하신 하나님 앞에서 더럽고 추한 자신의 모습을 발견하게 된다. 코람데오의 인식이다.[3] 하나님의 위엄과 영광이 선포되면 우리는 우리의 죄를 고백하지 않을 수 없다. 그러면 그 죄에 대하여 하나님은 사죄를 선포하신다. 한국교회 예배에서는 이런 예배에의 부름이나 죄의 고백 그리고 사죄가 잘 나타나지 않는다. 대신에 묵도와 시편 낭독이 들어있다.

---

[3] '코람데오'를 하나님 앞에서의 윤리로만 이해한다면 반쪽에 불과하다. 하나님 앞에 서면 '죄인'일 뿐인 인간이, 그리고 예수 안에서 하나님 앞에서는 의인이 되는 원리로 파악해야 한다. 유 해무, 『코람데오』(그타티아출판사) 참조.

1) 십계명

십계명 낭독이나 교독은 영국이나 대륙의 개혁교회 전통에서 도입하였다. 십계명은 언약의 법이다. 교중은 십계명 낭독을 들으면서 처음으로 십계명을 언약의 법으로 받은 이스라엘과 같은 위치에 서게 된다. 즉 십계명의 낭독이나 교독은 '언약의 갱신'의 성격을 지닌다. 설교자가 낭독하거나 교중이 함께 교독할 때 우리는 인간의 입으로 들려지는 하나님의 계명을 듣게 된다. 하나님은 먼저 자신을 소개하시는데, 우리를 종 되었던 죄의 집에서 인도하여 내신 자비와 긍휼이 풍성하신 분이시다. 이 하나님은 당신께서 희생하고 피로 값 주고 산 자기 백성을 다시는 잃어버리지 않기 위하여 그들을 죄와 분리시키는 울타리인 계명을 주셨다. 그들이 이 계명 안에 머물면 생명이 있고, 이 울타리를 벗어나면 다시 죄와 사망의 골짜기를 헤매게 된다. 계명은 우리에게 굴레가 아니라 자유의 표지판이다. 그 표지판을 넘으면 죄의 종이 되고 찾았던 자유를 또 다시 잃게 된다.

예배 중에 십계명을 들을 때 우리는 단지 시내산의 이스라엘이 아니다. 이 십계명은 명령임과 동시에 약속이 되어 예수 그리스도로 인하여 우리가 죄의 굴레에서 해방되었음을 선언한다. 비록 '애굽땅 종 되었던 집에서 인도하여 낸 하나님 여호와'라는 말씀을 있는 그대로 읽지만 우리는 이 말씀이 예수 그리스도 안에서 성취되었음을 알아야 한다. 즉 유대인처럼 십계명을 읽고 해석할 수는 없다는 말이다.

우리는 주일마다 언약을 갱신한다. "오직 나와 내 집은 여호와를 섬기겠노라"(수 24:15)는 여호수아처럼 우리도 주일마다 예수 그리스도 안에서 우리를 구속하신 자비로우신 하나님만을 섬기겠다고 언약을 새롭게 한다.

십계명을 들으면서 우리는 동시에 지난 한 주간을 반성하게 된다. 선포되는 계명마다 잣대가 되어서 우리의 삶이 하나님 앞에서 적나라하게 노출된다. 그리고 하나님의 심판을 받는다. 그러므로 십계명은 사죄를 간구하게 하는 잣대가 된다. 동시에 그 계명대로 새로운 한 주간을 살겠다는 약속이 되기도 한다.

그러므로 십계명은 하나님의 말씀이기도 하며 사죄이며 우리의 약속이기도 하다.

2) 사도신경

우리는 매주일 사도신경을 고백한다. 그런데 사도신경이 세례와 아주 밀접하게 연관되어 있음을 잊지 말아야 한다. 지금같은 방식으로 사도신경을 암송만 해서는 이 관계를 알기 힘들다. 사도신경은 세례교육지침이고, 세례를 베풀 때에 묻고 답하는 양식이었다.

사도신경의 배경은 마태복음 28:19절이다. 이 본문을 대개 '대위임령'이라고 부르는데, 구체적으로는 세례명령이다. 이 명령을 따라 고대교회는 세례를 베풀기 위하여 세례준비자에게 미리 누구의 이름으로 세례를 받는지를 가르쳤다. 즉 성부, 성자, 성령 하나님이 어떤 분이신가를 교육했다. 이 때문에 사도신경은 3부로 구성되어 있다. 삼위 하나님이 어떤 분이신가를 그 하신 일을 언급하면서 가르치고 있다. 고대교회는 세례식 전날에 전야행사를 가졌다. 이것은 일종의 세례문답이라 할 수 있지만, 그보다는 훨씬 더 광범위하고 엄숙하였다. 수세자는 예루살렘이 있는 동쪽을 향하여 서서 자신의 죄와 마귀의 일을 거부하고 저주한다. 이 때 목사는 그에게 소금을 뿌려서 이 서약을 확증한다. 그리고 지금까지 공부하던 사도신경을 그에게 전수한다. 그러면 수세자는 그 사도신경을 복창하여, 자기 자신이 믿고 있는 삼위 하나님을 고백한다. 이 행사로써 준비과정을 끝낸다.

이튿날 주일에 시행하는 세례는 주로 침례조(浸禮槽)에서 행하였다. 목사는 물에 잠겨있는 수세자에게 세 번 질문한다. 먼저, 천지를 창조하신 전능하신 하나님 아버지를 믿느냐고 물으면, 수세자는 '믿습니다'고 대답한다. 그러면 집례자는 그의 머리를 눌러서 물 속에 잠기게 한다. 이것은 로마서 6장의 말씀을 따라 그가 예수 그리스도와 함께 죽었음을 가시적으로 보여주는 행위이다. 수세자가 다시 머리를 내민다. 이는 예수 그리스도와 함께 살아났음을 상징적으로 나타낸다. 집례자는 다시 동정녀 마리아에게서 나시고 부활하셨다가 심판주로 다시 오실 우리 주 예수 그리스도를 믿느냐고 묻는다. 수세자가 믿는다고 대답하면 다시 물에 잠기게 하고 나오게 하는 의식이 반복된다. 마지막으로, 교회 안에서 역사하시는 성령 하나님을 믿느냐고 물으면, 수세자는 다시 믿는다고 대답한다. 그러면 다시 물에 잠기게 하고 나오게 한다.

이처럼 사도신경은 세례 때문에 생겨난 고백이다. 사도신경은 우리가 믿고 고백하는 바를 잘 요약하고 있다. 구약과 신약 성경의 내용을 일목요연하게 가장 압축적으로 요약한다. 그 내용이 무엇인가? 성부, 성자, 성령 하나님이시다. 그러므로 우리가 믿는 바는 '무엇'이 아니라 '누구'이다. 즉 사도신경은 천지 창조를 믿는다고 고백하지 않고, 천지를 창조하신 아버지 하나님을 믿는다고 고백한다. 또 십자가나 부활을 믿는다고 고백하지 않고, 십자가와 부활의 예수 그리스도를 믿는다고 고백한다. 그리고 교회나 영생이 아니라 이런 일을 행하시는 성령 하나님을 믿는다고 고백한다. 우리의 신앙은 인격적이다. 고백을 통하여 이 삼위 하나님과 더불어 교제하는 것이 신앙의 본질이다.

예배 때마다 사도신경 고백이 있다. 이는 고대 교회에서는 세례 요청이 있을 때마다 예배 때 세례를 거행했음을 보여준다. 이점에서 분기별로 세례식을 거행하는 한국교회는 반성해야 한다. 물론 예배를 3부, 4부로 나눠서 드리다 보니 세례식을 자주 거행할 수가 없게 되었다. 그럼에도 불구하고 현재의 예배형태는 바람직하지 않다는 사실을 알고는 있어야겠다.

3)주기도문

고대 이래 교회는 주기도문도 예배에서 낭독하거나 암송하였다. 주기도문은 성찬과 연관되어 있다. 고대 교회는 주기도문의 '일용할 양식'을 확대하여 생명의 양식으로도 이해하였다. 이 생명의 양식이 성경 말씀일 수도 있지만, 아주 구체적으로 성찬으로 이해하였다. 그래서 성찬식 전에 성찬 제정의 말씀을 읽고 나서 주기도문으로 기도한다.

그리고 '우리가 우리에게 죄지은 자를 사하여 준 것

같이'를 성찬에다 적용하였다. 즉 형제와 자매의 죄를 용서하지 않고서는 성찬식에 참여할 수 없었다. 그래서 성찬식이 있기 전에 서로 '거룩한 입맞춤'(고전 16:20)을 나누었다. 핍박받고 있던 교회였으나, 우리의 선조들은 말씀에 기초하여, 이런 아름다운 의식을 진행했다.

이제 십계명, 사도신경과 주기도문이 예배와 직접 연관되어 있는 중요한 위치를 다 살펴보았다. 모두 이를 의식하면서 이 순서들에 임하기 바란다.

7. 설교

예배는 언약적 사건이며, 언약의 삼위 하나님과 언약 백성 사이에 이루어지는 교제와 사귐이다. 교제에서 당사자는 인격을 주고받는다. 예배에서 하나님은 당신 스스로를 백성에게 주시고, 백성은 자신을 하나님께 드린다. 하나님은 무엇보다도 예배에 초청하시는 주인이시고, 설교에서 당신을 주신다. 드리는 일에는 찬양과 기도와 참회와 헌금 등이 있다. 이는 다 하나님의 주심에 대한 응답이다. 이번에는 삼위 하나님께서 당신을 주시는 설교를 공부하려고 한다.

믿음은 들음에서 나며 들음은 그리스도의 말씀을

들음이다(롬 10:17). 이 때문에 예배에서 설교가 차지하는 위치와 비중은 아주 크다. 개인적인 성경공부와 사경회(查經會)와 같은 집회의 말씀도 주일 예배의 설교에서 파생되어 나온다. 이만큼 설교는 중요하며, 예배의 핵심이며, 신앙생활의 가장 중요한 기초이다. 한국교회가 말씀을 듣고 사모하는 열심은 특별하다. 이전에 흔했던 사경회는 말씀을 듣고 배우는 모임이었다. 그러나 사경회가 부흥회로 성격이 바뀌면서, 말씀보다는 찬양이나 다른 요소들이 더 강조되는 경향이 뚜렷해지고 있다. 한국교회 안에 말씀 선포와 성경공부가 왕성하였을 때에는 교회가 사회의 칭송과 두려움의 대상이었다. 교회가 사회의 비판을 받고 있고, 교회개혁의 필요성이 절실해진 현 상황은 설교에 대한 무관심과 깊은 연관이 있다.

루터에 의하면 말씀이 있는 곳에 교회가 있다. 또 복음이 신실하게 설교되는 곳마다 그리스도의 나라가 존재한다. 성령님은 말씀의 설교를 방편으로 삼아서 우리 각자뿐 아니라 교회를 부르신다. 이처럼 교회는 복음을 통하여 모아지고, 복음 때문에 회집한 무리이다. 즉 교회는 하나님의 말씀으로 태어나고, 성장하고, 유지되고 강해진다. 오직 복음을 통해서만 교회는 존재하고 살아가기 때문이다. 그리스도께서 "사람이 하나님의 입으로 나오는 모든 말씀으로 살 것이라"고 말씀하셨듯이, 교회의 생명과 본질은 하나님의 말씀에 있다. 루터는 기록된 복음이 아니라 발성된 복음인 설교에 대해서 이와 같이 말한다.

칼뱅은 사도행전 2장 42절을 주석하면서 가르침과 교제와 기도와 성찬을 교리로써 설명한다. 그가 말하는 교리 역시 설교된 말씀이다.[4] 교리는 교회의 생명이다. 그러므로 복음의 순수한 음성이 울려 퍼지고, 사람들이 그 말씀을 정상적으로 들으며 진보하려고 애쓰는 곳마다, 틀림없이 교회가 있다. 교리는 우리 중에 있는 형제 간의 교제의 고리이다. 교리는 하나님께 나아가는 문을 우리 앞에 열어서 주님을 부르게 한다. 그리고 성찬은 교리에 대한 확증으로서 첨부되었다. 기도는 공중 기도이다. 이 공중기도는 신앙의 고백으로 이루어진다. 칼뱅은 교리인 말씀을 강조하면서, 개혁은 결국 제도나 의식 이전에 교리의 문제임을 밝혔다. 교리의 관점에서 예배의 주요 순서들을 설명하고, 교리를 중심으로 예배가 이루어진다. 그러므로 교회와 예배의 기초는 교리이다. 바울은 교회의 신앙이 이 교리 위에 기초해야 한다고 가르친다. 원래 진짜 유일한 터는 홀로 온 교회를 지탱하시며, 신앙

---

4 칼뱅은 사도들의 '가르침'을 사도들의 '교리'로 번역한다.

의 규범과 잣대이신 그리스도이시다. 말하자면 그리스도 안에서 교회는 교리의 설교로 터 잡아간다. 이 터로서의 교리에 대해서 칼뱅은 아주 고상한 입장을 가지고 있다.

> "만약 교회의 기초가 선지자들과 사도들의 교리요, 그 교리에 의하여 신자들은 그들의 구원을 오직 그리스도 안에 두라는 명령을 받는다. 그럼 이제 (기초인) 그 교리를 버려보라. 그러고도 건물이 계속 서 있을 수 있겠는가?"

이처럼 칼뱅은 교리를 강조하면서, 설교인 교리가 교회를 이루며, 예배의 핵심임을 거듭 강조한다.

이 때문에 목사의 책임은 막중하다. 이 말씀과 교리의 설교를 맡았기 때문이다. 믿음은 들음에서 나니까, 설교 없이는 신앙도 있을 수 없다. 설교에서 교회는 진리를 순수하고 완전하게 보존하며 다음 세대에 전수한다. 복음의 교리가 울리지 않고, 설교를 통하여 진리를 어두움과 망각으로부터 보호하는 경건한 사역자들이 없다면, 거짓, 오류, 협잡, 미신과 각양 종류의 부패가 극성을 부릴 것이다. 교회 안의 침묵은 진리에서 떠남이요 억압이다. 칼뱅의 말처럼, 목사들의 부족으로 인하여 목사직과 말씀에 대한 경시가 배태된다. 아무리 만인제사장직을 인정한다 하여도 공적으로 청빙받고 임직받지 않았으면 설교할 수 없다. 목사만이 받은 사명은, 말씀을 잘 파수하는 일이다. 그들은 말씀을 잘 파수함(딤전 6:20; 딤후 1:14)으로써 은혜의 방편이요 교회의 표지요 자신들에게 맡겨진 사명인 설교를 올바르게 수행해야 한다.

설교는 가장 중요한 은혜의 방편이다. 삼위 하나님께서 예배 중에서 언약 백성인 회중들에게 자신을 주시는 가장 분명한 제도가 설교이다. 설교가 교리요 하나님의 말씀인 이유는, 설교의 주인이 삼위 하나님이시기 때문이다. 설교자의 입에서 나오는 설교 말씀을 통하여 삼위 하나님께서는 직접 교중을 향하여 나가신다. 교중은 설교에서 하나님을 가장 직접적으로 뵙는다. 따라서 공적인 말씀 선포는 예배의 중심이다. 설교자 역시 한갓 인간에 불과하지만, 삼위 하나님께서 직접 이 제도를 만드셨다. 목사들은 이에 근거해서 이 직분의 중요성을 이해해야 한다. 큰 자각과 경의를 가지고 기도와 설교 사역에 전무하여야 한다. 이렇게 봉사할 때, 목사는 권위를 인정받고 존경을 받게 된다.

종교개혁은 예배를 '보는' 예배에서 '듣고 말하는' 예배로 개혁하였다. 이것은 종교개혁의 중요한 기여 중 하나이다. 그렇지만 이와 동시에 개혁은 고대교회가 확립하였던 예배의 전반부만을 강조하고 후반부, 즉 성찬을 무시하는 예배를 발전시키고 말았다. 두 번째 예배인 오후/저녁 예배 역시 교리 공부를 위하여 할애하였고, 성찬은 분기별로 시행하는 전통을 세웠다. 종교개혁 전통에서 말하는 예배는 말씀을 강조함에도 불구하고 고대교회와 비교하면 예배가 전체적으로 빈약해졌다고 말할 수밖에 없다.

그런데도 한국교회 안에서는 언제부터인가 설교마저 경시당하고 있다. 아무나 설교해도 된다는 분위기가 암묵적으로 형성되고 있다. 헌신예배라는 제도가 있어 예전에는 외부강사로 대개 목사가 초청되었는데, 한국교회의 성장의 바람과 더불어 전도특강, 교회교육, 기독교교육, 기독교윤리, 농민교육, 남북교류 등 다양한 분야에서 일하는 신자들이 특강강사로 초청된다. 말씀을 향한 열심에서 시작된 사경회와 부흥회가 설교를 변질시키는 나쁜 전통이 되기 시작하였다. 이제는 젊은이들 사이에서는 말씀 설교보다는 찬양이 더 중시되고 있다. 한국교회 안에서 설교가 점차 자리를 잃어가고 있다.

한국교회는 온전한 예배를 회복해야 한다. 한국교회 안에는 집회가 원체 많다 보니 집회와 예배를 바로 구분하지 못하는 경우가 있다. 집회는 예배에서 파생되었을 뿐인데, 이제는 집회식 예배가 매주일 한국교회를 지배하고 있다. 매주일 성찬이 없는 예배는 부분적이고 빈약한 예배임에도 불구하고, 전반부의 핵심인 설교마저도 묽을 대로 묽어져버렸다.

한국교회를 부패와 무능력으로부터 회복시키는 진정한 개혁은 예배 회복에서 시작되어야 하며, 예배의 회복은 일차적으로 말씀 설교의 회복으로 가능하다. 설교자의 설교직도 막중한데, 그가 한국교회의 개혁을 위하여 지고 있는 책임 또한 막중하다. 교중이 듣고 순종하는 사명도 동일하게 막중하다. 믿음은 들음에서 나오는데, 들음은 순종을 뜻한다. 성령님의 사역인 설교로 인하여 교회는 사망에서 건짐을 받고, 항상 굳건하게 살아갈 수 있다. 설교가 회복된 한국교회의 예배를 고대하여 본다.

8. 세례

1)세례의 의미

예배는 언약적 사건이다. 언약은 언약 당사자끼리 서로를 주고받는 아주 엄숙한 약속이다. 하나님께서 예배에서 자기 자신을 주시는 행위로는 설교가 있다. 하나님께서는 설교말씀을 통하여 언약의 회중으로 모인 우리에게 오시며, 당신을 우리에게 선물하신다. 그러므로 회중은 그 말씀을 믿음으로 듣고 아멘으로 응답해야 한다. 언약은 인격을 주고받는 교제이기 때문이다. 회중은 설교를 들을 뿐 아니라 나아가 순종함으로써 하나님과 완전하게 교제할 수 있다. 언약적 사건인 말씀은 우리의 순종하는 행위와 삶을 요구한다. 하나님께서 말씀하시니, '그대로 되니라'고 하였으니, 말씀을 들은 자는 그대로 행해야 그 말씀이 열매를 맺고, 언약도 든든하게 세워진다.

세례도 하나님께서 당신 자신을 주시는 행위로서 예배의 중요한 요소이다. 설교 말씀과는 달리 세례는 의식을 수반한다. 즉 물을 붓는 행위가 뒤따른다. 이와 같이 행위를 수반하는 은혜의 방편을 성례라 부르며, 성례에는 세례와 성찬이 있다. 성찬은 나중에 다루고자 한다.

교회는 부활하신 예수님의 명령을 따라 세례를 시행한다. 예수님께도 세례를 베푼 요한은 회개와 사죄의 세례를 베풀었다(눅 3:3). 그런데 그가 먼저 회개를 촉구하는 설교를 하였지만, 세례를 베풀 때에 어떤 형태로 사죄를 선포하였는지는 불분명하다. 이에 비하여 부활하신 주님은 세례를 제정하시면서, 성부와 성자와 성령의 이름으로 세례를 베풀라고 명령하셨다(마 28:19). 요한의 세례와 이 명령 사이에 예수님의 십자가와 부활이라는 엄

청난 사건이 일어났다. 오순절과 그 뒤에도 회개와 사죄의 세례는 계속되었다(행 2:38). 그렇지만 오순절 이후에는 예수님의 이름으로 세례를 받았다. 요한의 세례를 받았던 자들도 예수님의 이름으로 다시 세례를 받았다(행 19:5). 수세자는 예수님의 죽음과 부활에 동참한다(롬 6:5). 분명한 기록은 없지만, 예수님의 이름으로 행하는 세례란 성부와 성자와 성령의 이름으로 베푸는 세례의 다른 표현이었다고 볼 수 있다.

이처럼 우리는 삼위일체 하나님의 이름으로 세례를 받는다. 이 세례는 삼위 하나님께서 자기 자신을 우리에게 주시는 행위이다. "성부와 성자와 성령의 이름으로 세례를 준다"는 하나님의 말씀이 물을 붓는 행위에 앞선다. 즉 이 말씀이 없으면 물을 붓는 행위는 아무 의미가 없고, 어떤 효력도 없다. 이 점에서 말씀이 이러한 의식적인 행위를 수반한다는 것을 깊이 인식해야 한다. 세례를 베푸심으로써 삼위 하나님께서는 자기 이름으로 우리에게 '도장[印]'을 찍으신다. 삼위 하나님께서는 세례에서 자기 자신을 주시면서 우리를 자기의 소유로 삼으신다는 뜻이다. 이름은 그 이름 주인의 인격 전부를 지칭한다. 우리가 사인을 하거나 국가 원수가 자기 이름으로 대사를 파견하는 것도 이런 이치이다.

삼위 하나님의 이름으로 이루어지는 세례는 언약의 성취이다. 하나님께서 아브라함에게 주셨던 언약의 약속, '나는 네 하나님이 되겠다'는 약속은 세례에서 아주 구체적으로 재현된다. 나아가 '너는 내 백성이 될 것이다'는 약속도 여기에서 성취된다. 예수님을 고백하고 삼위 하나님을 믿는 자가 반드시 세례를 받아야 하는 이유도 여기에 있다. 언약의 약속을 받을 때, "예, 그렇습니다. 나는 삼위 하나님의 소유이며, 영원토록 그렇게 살겠습니다."라고 믿음의 약속을 드린다. 지금부터 영원토록 확고한 '세례교인'으로 살아야 한다.

사도신경이 세례와 연관되어 있음은 이미 밝힌 바 있다. 사도신경은 세례 교육의 교재였고, 세례 받는 자가 고백하는 신경이며, 우리의 신분을 보여주는 표지이다. 삼위 하나님의 이름으로 세례받은 자가 이 하나님의 소유임을 잘 가르쳐주기 때문이다.

그런데 한국교회는 세례에 대해서 합당한 관심을 기울이지 않고 있다. 무엇보다도 세례교육이 충실하지 못하다. 세례를 받기 원하는 자는 자신이 죄인이요, 오직 예수 그리스도만이 우리의 죄를 대신하여 죽어주셨음을 진심으로 믿고 고백해야 한다. 나아가 앞으로는 오직 예수님만을 구세주로 믿고 더 이상은 죄의 삶을 살지 않겠다는 서약을 해야 한다. 세례 받은 자는 죄에 대해서는 죽고 하나님을 대해서는 산 자이다(롬 6:11). 잘 알다시피 현금 한국사회에서 일어나는 수많은 대형 부정 사건에 기독교인들이 연루되어 있다. 한국교회 안에는 '할례 받지 않은 불레셋 사람'의 모습을 한 이들이 많이 있다는 말이다. 세례교인이 고의적으로 범하는 죄는 '하나님의 아들을 다시 십자가에 못 박아 현저히 욕을 보이는'(히 6:6)는 성령 훼방죄에 이를 수 있음을 명심해야 한다.

그렇기 때문에 한국교회가 양적으로 급속하게 성장할 때 유행한 집단 세례도 진지하게 검토해야 할 때 되었다. 이런 집단 세례의 대표적인 예가 군에서 행하는 진중 세례이다. 명령와 복종을 근간으로 삼는 특수한 사회에서 병사들이 심리적이고 육체적인 외로움과 고독 등으로 인하여 복음을 쉽게 잘 받아들이는 것은 사실이다. 그렇지만 이것이 세례를 가볍게 베풀게 만드는 원인이기도 하다. 전역 후에 이들이 종종 '재세례'를 요청하는 경우가 이를 반증한다. 세례의 언약적 성격을 제대로 이해한다면, 이런 식의 집단 세례는 지양되어야 한다.

그리고 재세례 역시 있을 수 없는 일이다. 비록 세례 교육이 부실하였고, 세례교인으로 살아가지 못한다 하여도, 세례의 유효성은 집례자의 인격이나 수세자의 내적 태도가 아니라 삼위 하나님의 이름에 달려있다. 이럴 경우 재세례가 아니라 세례의 의미를 바로 깨닫고 그대로 살아가도록 도와주는 교육적인 배려가 필요하다. 이 때문에 로마천주교에서 받은 영세는 인정받는다. 이단에서 받은 세례는 세례가 아니기 때문에 새롭게 세례를 받아야 한다. 요한의 세례를 받은 이들이 예수님의 이름으로 세례받은 것은 재세례가 아니다.

2) 세례와 기독교 교육

평생 세례교인으로 살겠다는 서약에 기독교교육의 근거가 있다. 기독교교육은 전도교육과는 다르다. 기독교학교와 이른바 '미션 스쿨(Mission School)'은 구별해야 한다. 후자는 불신자를 세례교인을 만드는 목적을 가지고 있다면, 기독교학교는 신자를 제대로 된 세례교인으로 양육함을 목적으로 삼는다. 자녀를 세례 받도록 요청한 부모는 자녀를 집에서 가르칠 뿐만 아니라, 밖에서도 양육 받아 세례교인으로 살아가게 협력해야 한다. 집 밖에서 이루어지는 양육으로는 교회 교육과 학교교육이 있다. 세례의 관점에서 보자면 교회교육과 학교교육을 통한 세례교인 만들기는 한국교회 안에서 성공리에 진행되지 못하고 있다. 고신대학교가 자녀를 올바른 세례교인으로 만들려는 부모들의 노력에 의해서가 아니라, 기독교 문화적 관점만을 기초하여 설립되었다는 점은 되짚어볼 문제이다.

    세례는 예배의 순서이기 때문에 교회에서만 세례를 시행할 수 있다. 이 말은 교회가 아닌 선교단체나 이른바 미션 스쿨에서 세례를 시행할 수 없다는 뜻이다. 또 교회에서 분기별로 세례를 시행하거나 오후 또는 저녁 예배를 이용하는 것도 바람직하지 못하다. 언약의 백성이 되는 세례는 교회가 맡은 책무이며, 세례교인은 받은 은사와 시간을 바쳐서 세상에서 하나님의 나라를 건설해야 한다. 세례 자체는 세상에 대한 부인을 전제하지만, 동시에 이렇게 부인한 세상을 하나님의 나라로 만들어야 하는 사명을 부여한다. 부활하신 주님이 주신 세례명령은 동시에 문화명령이기도 하다.

    독자 여러분들은 제대로 된 '세례교인'이요 언약 백성인가? 주일 예배에서와 날마다 이 질문에 정직하고 용기 있게 '예'라고 대답할 수 있기를 진심으로 바란다.

9. 성찬

1) 성찬의 깊은 의미
-십자가를 넘어 재림까지

장로교회는 자기의 정체성을 신앙표준과 관리표준에서 밝힌다. 먼저 신앙표준은 신앙고백과 대소교리문답을 말한다. 관리표준에는 또 교회, 교인, 목사, 장로, 집사, 당회와 노회와 총회 등을 다루는 교회정치와 교회 내에서 일어나는 재판과 벌과 용서 등을 다루는 권징조례가 있다. 그리고 공예배(public worship)와 경건회(prayer meeting) 등을 다루는 예배지침[5]도 여기에 속한다.

예배지침 1조는 "교회란 예수 그리스도의 공로로 구원받은 그리스도인들이 모여 하나님 앞에 예배하는 공동체"라고 규정한다. 예배가 있는 곳에 교회가 있다는 선언이다. 그러면 예배가 무엇인가? 2조는 "예배는 예수 그리스도를 믿음으로 구원을 받고 하나님의 자녀가 된 그리스도인들이 하나님의 은혜에 보답하는 대표적인 행위이며 … 신자들은 언제 어디서든지 예배할 수 있으나 특별히 성별된 장소에서 주님이 부활하신 주의 날에 함께 모여 공

---

5 대한예수교장로회고신총회, 「헌법」 (서울: 총회 출판국, 2011)

동으로 드리는 것이 마땅하다"고 설명한다. 여기서 말하는 예배는 '공예배'이다. 사실 예배지침은 공예배지침(The Directory for the Public Worship of God)을 말하는데, '공'이라는 말이 빠진 채로 번역하고 기도회에 대한 규정까지 넣었다. 공예배는 위에서 언급된 대로 주일에 신자들이 모여서 행하는 예배를 말한다. 공예배지침은 주일예배순서를 8조에서 말하는데, 여기에는 기도, 찬송, 성경봉독, 성경해석과 설교, 세례, 성찬, 감사기도, 성경문답, 헌금, 권징, 강복선언(축도) 등이 포함된다. 이런 순서로 진행되는 예배를 공예배라 하고, 공예배를 제외한 일체의 모임은 기도회라 한다(28조). 수요기도회, 새벽기도회, 구역기도회, 가정기도회, 기타기도회(철야, 심방 등) 등이 있다(30조).

지금 주일공예배에서 시행되지 않는 것이 성경문답과 권징인데, 이것은 청교도의 영향을 받은 예배순서의 특징이다. 세례와 성찬은 아주 뜸하게 시행된다. 개신교회는 중세교회의 타락한 예배를 단호하게 개혁하려는 의지를 가졌다. 그러다 보니 지나쳐서 응당 있어야 하는 순서도 없애고 예배가 점차 빈약해져 갔다. 게다가 미국으로 건너간 청교도들은 영국 성공회와도 다르게 예배순서를 더 단순화시켰다. 특히 미국 서부개척시대에는 광활하고 황량한 서부에서 성경을 읽고 강해하고 회심을 촉구하는 집회가 유행하였다. 세례와 성찬이 없는 천막집회(camp meeting)가 공예배에도 영향을 끼치기 시작하였다. 결과적으로 집회와 공예배, 기도회와 예배의 구분이 사라지면서 모이기만 하면 다 '예배'라고 부르는 전통이 정착되었고 이 전통이 한국교회에도 도입되었다. 이리하여 한국교회의 예배는 말씀은 있지만 세례와 성찬은 간헐적으로 시행하는 아주 빈약한 모습을 지니게 되었다. 그런데 최근 한국교회 안에서는 집회가 예배를 대치하는 상황이 벌어지고 있다. 양자 다 바람직한 예배 양식은 아니다. 이번에는 성찬을 중심으로 하여 올바른 예배의 회복을 추구하려고 한다.

성찬은 무엇보다도 예배의 핵심이요 진면목을 보여 준다. 예배는 언약적 사건이며, 언약의 하나님과 언약 백성의 교제이다. 성찬에는 교제, 기념, 감사 기도와 제사(롬 12:1)가 다 포함된다. 성찬에서 우리는 부활하신 예수님과 교제한다. 성찬은 그리스도의 몸과 피에 참여이다(고전 10:16). 성찬상에서 떡을 먹고 포도주를 마실 때마다 우리는 그리스도를 기념한다(고전 11:24-25). 그리스도는 성령님 안에서 교회 중에 임재하고 계신 부활의 주님이시다. 주님을 기념한다는 말은 주님의 죽으심을 주님이 다시 오실 때까지 전한다는 뜻이다(고전 11:26). 이처럼 성찬은 죽으심의 역사적 사실과 예수님의 사역들을 기념함으로 '지금도 계시는'(히 13:8) 부활의 그분과의 교제이다.

예수님은 십자가와 고난에 앞서 자신을 '생명의 떡'(요 6:35)이라 하셨고, 또 성찬을 제정하시면서 '이것은 내 몸이다'(막 14:22)고 하셨다. 그리고 당신께서 흘리실 피를 '언약의 피'(막 14:24)라 지칭하셨다. 그러므로 성찬에는 이 언약의 떡과 언약의 피가 구성 요소이다(마 26:26-29; 막 14:22-25; 눅 22:14-20; 요 6:51-56). 모세는 언약의 책을 읽고 난 뒤, 소(牛)로 야웨께 번제와 화목제를 드렸다. 소의 피의 반을 백성들에게 뿌리면서, "이는 야웨께서 이 모든 말씀에 대하여 너희와 세우신 언약의 피니라."고 선언했다(출 24:8). 예수님은 자기의 피로써 옛 언약을 완성하셨다. 모든 죄를 다 담당하시고 죄의 값인 죽음을 통과하셨다. 당신의 십자가에서 하나님과 우리를 완전하게 화해시키셨다. 이처럼 세례와 마찬가지로 성찬도 언약의 의식이다.

예수님께서 제자들과 나누신 이른바 '최후의 만찬'은 고별 식사가 아니라 교제의 식사였다. 예수님은 '포도나무에서 난 것을 하나님 나라에서 새 것을 마시는 날까지 다시 마시지 아니하리라'(막 14:25)고 하셨다. 이 말씀은 마지막 식사라는 인상을 갖게 한다. 그렇지만 교회는 성찬을 지속적으로 시행하며 반복해야 한다는 명령을 동시에 받았다(고전 11:26). 교회는 예수님의 마지막 식사를 기억하고, 동시에 하나님 나라에서 새롭게 먹고 마실 것을 대망하면서 성찬에 계속 참여한다. 사실 예수님은 부활하시고 승천하셔서 하나님 우편에 좌정하심으로써 이미 '하나님 나라에서 새 것을 마시셨다.' 제자들과 교회에게는 이 약속이 앞으로 성취될 것이다. 성찬은 다시 오실 그분과 나누는 교제의 식사이며, 성령 안에서 누리는 기쁨과 환희의 잔치이다(요 16:20 참고). 이처럼 우리는 소망 가운데 승천과 재림 사이에서 성찬을 즐긴다. 그리스도를 기념함(고전 11:24,25, 눅 22:19)은 결코 과거의 그리스도를 기억하는 '추도식'이기만 해서는 안된다. 우리는 창조와 구속에 대한 감사기도를 드리고 예수님께서 성찬을 제정하셨던 말씀을 읽는다. 포도주와 빵을 믿음으로 받을 때, 우리는 그리스도의 피와 살을 실제로 마시고 먹는다.

    예수님의 대속사역은 십자가의 죽음도 있지만, 부활도 있다. 만약 부활이 없다면 예수님의 죽음도 우리에게 아무 의미가 없다. 그러므로 성찬은 죽은 자를 기념하는 엄숙한 분위기 속에서 진행하지 말아야 한다. 한국 교회는 성찬 시에 주로 그리스도의 십자가와 보혈을 주제로 한 찬송을 배경음악으로 반주하거나, 아니면 찬양대가 그런 곡을 부른다. 본의 아니게 성찬을 추도식으로 몰고 가고 있는 잘못을 저지르는 셈이다. 성찬은 부활하신 주님과의 교제임을 잊지 말아야 한다. 부활하신 몸으로는 하나님 아버지의 우편에 앉아 계시지만, 성령님 안에서 성찬에 임재하신다. 그러므로 성찬상에서 우리 죄를 대신 지신 예수님의 십자가를 기억하면서 슬픔의 눈물도 흘려야 하겠지만, 죽으신 그 분이 부활의 주님으로서 지금 떡과 포도주에 임재하셔서 당신의 부활하신 영화로운 살과 피로써 죄로 물든 우리의 육신을 양육하여 주심을 기뻐하고 감사해야 한다. 이 점이 더 중요하다.

그런데 성찬의 의미는 십자가와 부활을 넘어서 예수님의 재림까지 포함한다. 가장 오래된 예배 기도로서는 주기도문과 더불어 '마라나타'(고전 16:22)가 있다. 개역개정에는 '우리 주여 오시옵소서!'로 잘 번역되어 있다. 2세기 초엽의 책, 「열두 사도들의 가르침:디다케」에 의하면, 고대교회는 그리스도께서 부활하신 날에 예배를 드렸다. 사실 부활하신 그 날에 예수님은 제자들과 식사에 동석하셨다(눅 24:30). 이 '마라나타'라는 기도는 부활하신 날에 예수께서 나타나심을 기억하게 하며, 성찬 중에 임재하심과 나아가 요한계시록에 묘사된 마지막 날에 있을 그 분의 재림을 고대하게 한다. 나아가 성찬은 '어린양의 혼인 잔치'를 표상한다(계 19:9). 이 떡과 잔에는 예수님의 보혈과 십자가, 부활과 승천, 재림과 천국 잔치가 다 예표되어 있다. 떡과 포도주 자체만 바라보지 말고 그 속에 계신 십자가와 부활과 재림의 예수님을 바라보자. 이 때문에 우리의 삶은 하나님이 받음직한 산 제사가 되어야 한다. 우리는 성찬에서 이 삶의 제사를 바치겠다는 서약을 해야 한다. 공예배가 아닌 모임에서 성찬을 베푸는 것은 제정하신 분의 뜻을 거역하는 행위임을 명심해야 할 것이다.

2) 성찬 집례의 구체적인 예

필자는 수 년 전 당시 출석하던 교회에서 한 주일에 4번에 걸쳐서 성찬을 집례하였다. 그 교회는 말씀의 예전과 성찬의 예전을 구분하여 지킨다. 필자는 성찬 예전 속에 말씀을 포함시켜서 이 양 예전을 통합하여 보았다. 말씀의 예전에서 전반부에서는 성찬에 거룩하게 참여하기 위하여 자신을 살피는 부분이 있었다. 십계명을 함께 읽고 짧은 강해를 통하여 계명을 어기는 자는 성찬을 받지 말라고 권면했다. 그러나 자기 의를 시위하라는 말이 아니라 통회하는 마음을 가지고 오직 그리스도만을 의

뢰하려는 자는 참석할 수 있다고 격려하였다. 그리고 성찬의 제정 목적을 살폈다. 본문은 고린도전서 11:23-29이었다. 예수님의 고난과 십자가가 우리의 완전한 속죄 제물과 영생임을 강조했다. 성찬은 과거의 그리스도가 아니라 현재와 장래의 그리스도까지 기념(고전 11:25)해야 한다고 말했다. 성찬 참여는 그리스도의 몸과의 연합이며, 이 연합을 이룬 성도들끼리의 연합이 부차적인 결실이라는 것을 부각시켰다.

그리고 거룩한 입맞춤을 도입할 수는 없어서 서로 손을 꼭 잡아보라고 하였다. 성찬 기도를 마치고 다 함께 주기도문으로 기도드렸다. 통회하고 의뢰하는 고백으로 찬송 494장 '만세반석 열리니'를 함께 불렀다. 성부, 성자, 성령 참 하나님만을 섬기겠다는 결심을 사도신경으로 하나님과 사람 앞에서 고백하여 밝혔다. "마음을 위로 향하여!"를 선언하면서 떡과 포도주가 아니라 성령님 안에서 이곳에 임재하신 주님, 하나님 우편에 앉아 계신 부활과 승천의 주님을 보라고 외쳤다. 그리고 재림과 어린양의 혼인잔치를 바라라고 독려하였다. 이 떡과 잔에는 예수님의 보혈과 십자가, 부활과 승천, 재림와 천국 잔치가 다 예표되어 있다. 떡과 포도주 자체만 바라보지 말고 그 속에 계신 십자가와 부활과 재림의 예수님을 바라보아야 한다. 떡을 떼고(분병) 잔을 나누기(분잔) 전에 찬송 161장 '할렐루야 우리 예수 부활 승천하셨네'로 부활과 재림의 주님을 찬양하였다.

분병과 분잔 전에 오직 세례로 이미 그리스도의 몸에 참여한 자만이 성찬에 참여할 수 있고, 유아세례자라도 신앙을 고백하기 전에는 참여할 수 없음을 주지시켰다. 또 동반한 자녀에게 떡을 나누어주는 것도 피하라고 주의를 주었다. 분병과 분잔 후에는 시편 103:1-4, 8-13, 찬송 3장으로 성찬 식탁을 베풀어주신 삼위 하나님을 찬양하였다. 그리고 마지막 권면을 하였다. 독생자를 주신 하나님 아버지께서 무엇을 더 아끼시겠는가! 영생의 음식을 먹은 언약의 백성으로서 세상으로 나아가 하늘과 땅의 모든 권세를 받으신 부활의 주님의 나라를 드러내 보이라고 강권하였다. 그리고 감사기도로 끝을 맺었다. 그리고 찬송 143장 '웬 말인가 날 위하여'를 불렀다. 특히 5절(늘 울어도 눈물로써)을 강조하였다.

성찬을 예수님의 죽음만을 기념하는 추도식이 아니라 부활과 재림을 대망하는 잔치로 집례하려고 하였다. 그러나 집례자가 그리스도의 구속 사역을 전하면서 울기 시작하여 494장과 161장을 제대로 부르지 못하였으니, 먹고 마시고 뛰노는 잔치를 재현하지 못하고 말았다. 물론 참여한 분들 중에도 우는 이들이 있었다. 사실은 기쁨의 환희 때문이었다. 그래도 못내 아쉽다. 나 자신의 집례로 이 '불사약'(고대교회의 표현으로 떡과 포도주는 영생을 준다는 뜻)을 받은 자들과 어린양의 혼인잔치에 참여할 것을 생각할 때에도 가슴이 부푸는 감격을 억제할 수 없었다.

한국교회에는 초대교회부터 계속되어온 예배가 회복되어야 한다. 한국교회의 개혁은 예배의 개혁에서 시작하여야 한다.

Chapter 2

한국 교회의 공예배와 교회의 개혁

chapter 2
한국교회의 공예배와 교회의 개혁

한국교회는 짧은 기간 동안 놀랍게 성장했다. 이것은 가히 초대교회의 성장과 비견되는 놀라운 일이다. 한국교회는 세계에서 두 번째로 많은 선교사를 파송하고 있다. 성장한 교회는 신학을 생산하는 법이다. 이런 교회사적 사실을 생각해보면 한국교회는 성장과 그것에 수반된 문제점들을 내적으로 성찰하여 자기 신학을 생산해내야 한다. 그래서 그 신학이 세계교회사의 주류에 참

여하게 해야 한다. 교회가 성장하면 다양한 문제들도 함께 나타난다. 사도행전과 서신서들, 특히 고린도전후서를 읽어보면, 초대교회는 많은 문제들을 안고 있었다. 하지만, 성령님의 인도로 잘 대처하고 해결하여 굳게 서갔다.

교회사에서 전무후무한 성장과 부흥을 한 한국교회 안에도 많은 문제들이 쌓여있다. 한국교회의 문제점들은 기독교 외적인 측면과 내적인 측면에서 살필 수 있다. 한국교회의 저력과 함께 그 약점을 설명하려면, 이 두 가지 측면을 반드시 고려해야 한다. 외적인 측면이란 한국의 종교와 문화와 역사와 한국인의 심성(心性)이라는, 복음 전파 이전의 바탕이다. 한국교회의 성장과 그것에서 연유하는 문제들 가운데는 한국 문화나 한국인의 심성에서 연유되는 것들이 많다.[1] 기독교 내적 측면은 한국교회를 형성한 배경인 선교교회, 특히 미국교회의 초기 선교사들이 한국교회에 전수한 역사와 신학 등 모든 것을 말한다. 이런 내적 측면 중에서 공예배를 우리의 주제로 삼으려고 한다.

---

1 지난 100년이 넘는 세월동안 과연 복음이 한국인인 성도들의 종교성과 심성을 근본적으로 변화시켰는가 하는 것은 아주 중요한 주제이지만, 본고는 이를 주제를 삼지는 않는다. 이에 대해서는 유 해무, "토착화를 기초한 신학의 자립을 향하여", 「조직신학 논총」, 제 8집, 2003, 152-171를 참고하라.

한국교회의 공예배가 공교회성을 지녔는가? 이를 진단하기 위하여 먼저 미국교회가 선교사들을 통하여 한국교회에 소개한 예배의 특성을 살피려고 한다. 이 특성의 배경을 추적하자면, 종교개혁의 예배 개혁과 청교도의 예배 생활을 주목할 수밖에 없다. 종교개혁이 이해한 예배의 특성을 살핀 뒤에, 한국교회가 종교개혁의 예배전통을 어느 정도 이어 받았는지도 살펴보고자 한다. 성경과 교회사로부터 공교회적인 예배 이해를 정리해 보자. 그리고 이를 한국교회가 채택하고, 나아가 이 공교회적인 전통에 기여할 수 있는 가능성을 확인하려고 한다.

1. 한국교회의 공예배 전통과 미국적인 배경

한국교회의 예배는 전환기가 아니라 혼란기에 와 있다. 구도자 예배나 열린 예배로 인해 예배에 대한 근본적인 문제가 제기되지만, 이에 걸맞은 근본적인 반성이나 통제는 이루어지지 않고 있다. 한 지역교회가 이런 예배를 도입하기 전에 신학적인 논의나 성찰을 하는 경우는 거의 없다. 같은 시찰이나 노회에 속한 자매교회와 협의하는 과정도 거치지 않는다. 이런 예배가 특히 장로교회에서 빠르게 도입되고 있다. 특이한 현상이다. 교회 정치적으로 한국장로교회는 장로교 정치를 안전 장치로만 삼은 회중교회의 모습을 취할 때가 많다. 예배와 정치에서 한국교회의 현재 상황은 구약 사사시대에 비견해도 지나치지 않다고 본다. 이러한 한국 장로교회의 공예배 전통을 중점적으로 다루려고 한다.

한국교회는 선교사들이 오기 전부터 자생한 교회였다. 선교사들이 입국한 뒤에도 노상에서나 사랑방에서 예배로 모이는 경우가 많았고, 예배당을 건축하게 되자 이전보다는 체계를 갖춘 예배를 드릴 수 있었다. 현재 우리가 알 수 있는 최초의 주일 예배형식은 마포삼열(Samuel H. Moffett)목사가 1895년에 쓴 저작에 나타난다.[2] 찬송, 기도, 성경봉독, 회중기도, 찬송, 성경 강도(설교), 기도, 봉헌, 찬송의 순서로 예배가 진행되었다. 아주 단조로운 예배순서인데, 이는 이후 한국장로교회의 비예전적인 예배순서의 기초를 제공하였다.

이런 간단한 비예전적 예배의 배경으로 적어도 두

---

2 Samuel A. Moffett, 「位願入敎人規道」 (서울: 대한기독교서회, 1895), 13-14. 교리문답을 포함한 장로교 입문서로서 다양한 기도와 찬송, 기본적인 교회 정치와 예식을 담고 있으며, 새문안교회의 주일예배순서도 들어있다, 허 도화, 「한국교회예배사」(서울: 한국강해설교학교 출판부, 2003), 57에서 재인용.

가지 점을 지적할 수 있다. 먼저, 한국에 온 초기 장로교 선교사들은 자치(自治 : Self-Government), 자립(自立 : Self-Support), 자전(自傳 : Self-Propagation)의 이른바 三自를 기조로 표방한 네비우스(John Livnigston Nevius, 1829-1893)의 선교정책을 1891년에 받아들였다. 네비우스는 피선교지역의 예배는 간단한 형식을 취할 것을 제안하였다. 이 예배는 구도자를 얻기 위한 노방예배에서 발전하여 선교지의 백성들이 직접 진행할 수 있도록 배려하였다. 그런데 마포삼열이 제시한 예배순서는 네비우스가 제안한 순서와 꼭 같다.[3] 선교지의 현실을 고려한 배려임은 틀림없지만, 결과적으로 구도자를 위한 전도집회의 특성과 순서가 공예배에 그대로 도입되었다.[4]

둘째로, 미국선교사들이 이런 간단한 순서를 받아들인 것은 이들이 예전에 대해서 가지고 있던 태도와 무관하지 않다. 초기 선교사들은 무디(Dwight L. Moody; 1837-1899)로부터 큰 영향을 받았다. 무디의 부흥운동의 배경

---

[3] 김경진, "초기 한국 장로교 예배, 1879-1934", 「현대사회와 예배설교 사역: 청해 정장복 박사 회갑 기념 논문집」 (서울: 예배와 설교 아카데미, 2002), 528-531.

[4] cf. 김충환, "예배와 문화의 관계성에 대한 소고", 「현대사회와 예배설교 사역: 청해 정장복 박사 회갑 기념 논문집」, 411; 김세광, "문화 변동에 따른 21세기 예배의 변화 전망", 같은 책, 452.

은 미국의 2차부흥(18세기 말 ~ 19세기 초)과 피니(Charles G. Finney, 1792-1875)이다.

미국교회의 2차부흥운동은 구도자를 얻기 위하여 예배당 바깥에서 설교하는 집회를 열었다. 여기서 집회란 서부개척의 와중에서 전도의 방법으로서 도입된 캠프집회(Camp Meeting)를 말한다. 미국 최초의 캠프집회는 장로교 목사 맥그리디(James McGready, 1758-1817)가 가스퍼 강가(Gasper River, Logan County, Kentucky)에서 1800년 여름에 인도한 모임이다. 이런 집회는 2세기동안 스코틀랜드 고산 지대에서 유행하던 '성찬 시즌'(Communion Seasons)에서 유래한다. 스코틀랜드 고산 지대의 장로교 교인들이 수 일 동안 설교를 듣고, 시편 찬송을 부르며, 죄를 고백하고 마지막으로 성찬에 참여하는 풍습이 있었다. 이후의 미국 캠프집회도 성찬으로 막을 내렸는데, 초교파적인 부흥회가 되자 점차 교파별로 나누어서 성찬식을 시행하였다. 장로교와 감리교는 성찬식을 상호 개방했으나, 침례교는 폐쇄 성찬(Close Communion)을 고수했다.[5]

---

[5] 폐쇄 성찬이란 다른 교회나 교파 교인들에게는 성찬을 허락하지 않아야 한다는 주장이다.
W.W. Sweet, The Story of Religion in America (Grand Rapids: Baker, 1973), 228. 사실 스코틀랜드처럼 장로교인들이면 문제가 없지만, 미국적 상황에서 이 제도를 바로 도입할 수 없었다. 그러나 침례교인들은 일관성을 지켰다.

1801년에는 맥그리디의 영향을 받은 스톤(B.W. Stone) 목사가 캐인 리지(Cane Ridge, Kentucky)에서 집회를 인도했는데, 10,000-25,000명이나 모인 대규모 집회이었다. 초교파적으로 모인 캠프집회에서는 여러 설교자들이 소그룹별로 동시 다발적으로 찬송을 인도하고 원고 없이 설교하였는데, 그 내용이 서로 상충되는 경우도 있었다. 이런 집회는 이후 서부의 집회와 선교, 예배와 교제에 지대한 영향을 미쳤다.[6] 대규모 야외 집회를 이용한 2차 부흥운동은 교파의 벽을 허물고 초교파적인 자발적인 단체 활동을 신장시키는 계기가 되었다. 나아가 미국에서 민족 간의 격차를 해소하고, 노예제 폐지, 절제, 여권신장 등을 진작시키고 '미국정신'을 형성시키는 데에 크게 기여하였다.

1840년이 되면서 감리교는 캠프집회를 고수하지만, 장로교와 침례교는 주로 실내집회로 돌아섰다. 나중에는 캠프를 세운 곳에 리조트가 들어서면서, 휴가를 겸한 부흥회가 등장하였다. 캠프집회는 애초부터 성례 집

---

[6] 물론 비판도 만만치 않았다. 켄터키의 파리에 있었던 집회에서 장로교 목사가 교인들을 보내어 교회에서 예배드리자고 제안하면서, 부흥운동에 제동을 걸었다. 이에 그를 설교자로 세웠더니, 냉냉한 설교로 칼뱅주의화하려고 시도하였다. 그러나 집회는 뜨거워지면서, 주도권은 다시 부흥파의 손으로 넘어갔다. Sweet, 앞의 책, 230.

행을 목표하고 있었다. 세례와 성찬 참여를 통해 신앙을 표현하였다. 성찬을 기념설로 이해하면서 분기별로 지키는 상황에서 벗어나고자 하는 욕심에서 이런 행사를 시도했다 할 수 있다.[7]

이런 부흥운동의 집회 양식은 서부에서 동부로 파급되면서 그 이후 모든 미국교회의 공예배 형식에도 영향을 미친다. 피니는 이 전통을 동부와 미국 전역에 파급시킨 주요 인물이다. 그는 뉴욕제이장로교회의 청빙을 받고도 프린스톤신학교 교수들과 장로교 구파의 반대에 계속 직면하자, 1836년 3월에 노회를 탈퇴하고 자기를 지지하는 자들과 함께 회중교회를 조직한다. 1837년에는 오버린(Oberlin, Ohio)으로 옮겨 목회와 교수사역을 한다.[8] 그는 신약에는 어떤 예배규범도 없다고 주장하면서 성경에서 예배의 규범을 찾는 개혁파와 청교도 전통을 반대

---

[7] 미국 서부의 캠프집회와 순수한 선교지인 한국교회를 무작정 비교하는 데는 무리가 있다. 회심에도 두 가지 의미가 있다. 서부에서는 그야말로 전혀 복음을 모르는 자들도 참여하였지만, 이미 믿다가 낙심한 자들도 회심의 대상이었다. D.M. Scott, From Office to Profession: The New England Ministry (NP.: University of Pennsylvania Press, 1978), 121. 이에 비하여 한국은 순수한 선교지이었기에 첫 회심이 강조되었다.

[8] Charles E Hambrick-Stowe, Charles G. Finney and the Spirit of American Evangelicalism (Grand Rapids: Eerdmans, 1996), 163.

하였다.[9] 예배와 설교의 유일한 목표를 영혼 구원으로만 잡는 실용주의적 태도를 취하였다. 찬송과 설교, 그리고 설교에서 자주 등장시킨 공포의 벤치(Anxious Bench)는 오직 회심을 위한 방편이었을 뿐이다. 큰 소리로 찬송을 많이 부르는 예비 단계에서는 왓츠(Isaac Watts, 1674-1748)의 찬송을 즐겨 불렀으며, 보다 주관적이고 개인적이며 도덕적인 노래, 구원에 대해서 낙관적인 노래나 지옥을 경고하는 노래를 직접 지어 부르기도 하였다. 그의 예배는 활발한 준비찬송, 회심에 강조점을 둔 설교와 회심 초청과 즉석 세례로 구성되었다. 설교를 전후하여 찬송과 기도를 열정적으로 하였다(hymn sandwich).[10]

이렇게 하여 준비 찬송과 회심 설교가 중심을 이루는 집회가 공예배에 도입되었다. 이런 어수선한 분위기 중에 여러 교파에서 산발적으로 예배 갱신운동이 일어

---

[9] Charles G. Finny, Lectures on Revivals of Religion, ed. W.G. McLiughlin (Cambridge, Mass.: Harvard University, 1960), 251. 피니의 등장으로 신조는 무력화 된다. 구원에 필요한 진리는 오직 성경에만 충분하게 계시되어져 있으니, 신조는 불필요하다. 개심자의 교리적 지식이 요구되지도 않았다. 241. 나아가 피니는 비교파적 교회생활을 제시했다, Walter H. Conser, Jr., Church and Confession: Conservative Theologians in Germany, England and America (Mercer University Press, 1984), 240-241.

[10] 이런 배경에서 지금 보편화된 텔레비전 설교자, 열린 예배, 경배와 찬양 등이 배태되었다. 정 장복, "미 서부 개척기에 발생된 예배 전통에 관한 연구: 한국교회 예배에 끼친 영향 분석", 「장신논단」, 제 14집 (서울: 장로회신학대학교 출판부, 1998), 315-337.

난다. 1884년 장로교목사인 베어드(Charles W. Baird)는 종교개혁자들의 예배정신을 연구하여 장로교 예배회복운동(Liturgical Movement)을 제창하였다.[11] 이 시도가 미국교회 전체에 미친 영향은 크지 않았다. 따라서, 초기 한국선교사들은 부흥운동만을 경험하고 이 예배회복운동을 경험하지 못한 채 이 땅에 왔다. 마포삼열의 단순한 예배순서는 이런 배경에서 이해할 수 있다. 한국교회의 초기 예배는 공예배에 대한 이해가 부족하거나 결여된 상태로 전

---

11 The Presbyterian Liturgies에서 그는 칼뱅이 시행했던 예전을 미국교회가 다시 사용하자고 제안하였다. 그의 이런 제안은 유럽과 미국에서 일고 있던 예전 회복운동의 흐름 속에서 나타났다. I.T. Jones, A Historical Approach to Evangelical Worship, 정장복 역, 「복음적 예배의 이해」 (서울: 대한예수교장로회총회출판국, 1988), 201-202. 영국에서는 1830년대부터 John Keble(1792-1866), John Henry Newman(1801-1890), Edward B. Pusey(1800-1882) 등과 독일에서는 1840년대부터 Theodor Klieforth(1810-1895), Wilhlem Löhe(1808-1872) 등이 중심이 되어, 신앙고백, 예전과 치리의 개혁을 지향하는 회복운동이 일어났다. 특히 독일에서는 권징을 수반하는 잦은 성찬 시행을 주장하였다. 독일의 회복운동은 미국의 독일계 루터파와 개혁파에도 영향을 미쳤다. 루터파로는 Krauth 부자(Charles Ph. Krauth., 1797-1867; Charles P. Krauth, 1823-1883)와 C. F.W. Walther(1811-1887)가 독일의 보수적 경향을 미국에 정착시켰다. 독일계 개혁파신학교(Mercersburg, Pennsylvania)의 장로교 출신 교수인 John W. Nevin(1803-1886)은 피니의 부흥운동을 비판하였다(1843년). 1846년에는 성찬론에 대한 책을 썼다. 그는 실재적인 임재를 주장하면서 청교도와 미국교회의 성찬 이해는 칼뱅의 그것과 판이하게 다르다고 못 박았다. 그의 입장은 가히 로마교적인 성찬론이었고, 실제로 그는 로마교로 개종할 지경까지 갔다. S.E. Ahlstrom, ed., Theology in America: The Major Protestant Voices from Puritanism to Neo-Orthodoxy (Indianapolis: The Bobbs-Merrill, 1967), 387ff. 그의 논조는 파격적이였는데, Charles Hodge는 아마 칼뱅조차 이 책을 읽어보고 황당해 할 것이라고 논평하였다. 화란계 개혁파교회는 독일계 개혁파교회와의 관계를 단절하였다. Frank C. Senn, Christian Liturgy: Catholic and Evangelical(Minneapolis: Fortress Press, 1997), 581.

수되었다. 그 예배가 때로는 냉랭할 정도로 차분하게 진행되었지만, 때로는 열광적인 찬양이나 박수, 그리고 격앙된 감정을 여과 없이 드러내기도 했다. 이제 집회와 예배의 경계가 허물어지는 것은 시간 문제일 뿐이었다. 게다가 예배의 중심인 설교가 회심을 목표로 삼다 보니, 성경 해석에 기초를 두기보다는 설교자의 개인적 감정과 경험과 예화로 채워진다. 결국 신학교육 자체가 무의미하다는 분위기조차 형성되었다.

한국에 온 선교사들은 부흥집회에서 연유하는 예배양식을 네비우스 정책을 따라 도입하였지만, 한국인이 안수를 받아 목사가 되는 1907년을 전후하여 예배양식에도 변화의 조짐이 있었다. 1904년에 웨스트민스터 예배모범(1645년)의 일부가 번역되었고, 1907년에는 소교리문답과 간단한 예배모범이 비로소 채택되었다.[12] 그러나 장로교회의 예배 자체에는 별 다른 변화가 없었다. 이때에 평양신학교 실천신학 교수였던 곽 안련 목사(Charles Allen Clark, 1878-1961)가 혁신적인 시도를 한다. 장로회 총회의 공식적인 요청을 받은 곽 안련은 북장로교 소속이었지만, 미국남장로교의 예배모범을 기본 자료로 삼아 예배모범

---

12 「대한예수교장로회 헌법」 (서울: 대한예수교장로회, 1934), 1.

(지침)을 초안하였다(1919년). 이 예배모범은 1921년에 한국장로교회의 공식적인 문서로 출판되었다.[13] 그는 1919년에 「목사치법」이라는 책을 편역, 출판하였는데, 여기에는 예배에 대한 내용이 많이 있다.[14] 곽 안련이 소개한 예배순서는 칼뱅의 예전을 따르고 있다. 예배에의 부름에 이어 회중은 하박국 2:20이나 시편 124:8을 낭독한다. 또 죄의 고백, 십계명 또는 사도신경, 연속적인 성경봉독, 목회자의 공중기도(기록해서 하는), 설교 직전 회중의 기립과 찬송 등이 이를 시사한다. 하지만 이런 예전적인 예배 소개는 실효를 거두지 못했다. 1932년의 새문안교회의 주보를 보면 1919년의 곽 안련의 제안보다는 여전히 1895년의 마포 삼열의 순서를 따르고 있음을 볼 수 있다. 한국 장로교 총회의 결의와 한국인 목사 안수에도 불구하고 한국교회는 단순한 예배순서를 계속 유지하였다.[15]

---

13 그는 1917년에 정치문답조례라는 예배안내서를 번역하였고, 또 같은 해에 J.A. Hodge, What is Presbyterian Law as Defined by the Church Courts를 요약 번역하였는데 이 책에는 예배에 관한 중요한 내용들이 들어있다. 총회는 후자를 1918년에 공식문서로 채택하였다. 허 도화, 앞의 책, 122.

14 이 책은 Herrick Johnson, Lectures on Pastoral Theology를 기초하였다. 위의 책.

15 허 도화, 앞의 책, 80-85, 131. 그런데 한국 감리교회는 초기부터 장로교보다 더 예전적인 예배를 고수하였다. 64. 이것은 신학교육에서도 나타난 차이이다. 평양신학교는 영어와 성경 원어 강의가 없었으나, 감리교신학교는 영어, 일어, 히브리어, 헬라어 등 교양과목이 46%를 차지하였다. 허 순길, 「한국장로교회사」 (서울: 대한예수교장로회 총회(고신) 출판국, 2002), 182.

2. 미국교회와 종교개혁의 예배 이해: 설교 중심

우리는 한국교회에 소개된 비예전적인 집회형태의 예배가 주로 미국 제2차 부흥운동에서 시작된 것이라고 소개하였다. 그렇지만 미국교회의 예배는 애초부터 비예전적이라는 특징을 가지고 있었다. 예전에 관한 한, 미국교회는 전형적인 '자유교회'의 예배 유형을 발전시켰으며, 단순한 예배는 미국교회가 고수한 하나의 기조였다. 청교도신앙을 가졌던 뉴잉글랜드교회는 형식적으로는 성공회에 속하였으나, 감독도 없고 기도서도 없었다. 정치적으로는 회중교회요 예전적으로는 자유교회였다.[16] 이런 자유교회 예배의 중요한 특징은 설교 중심이었다. 한국교회가 종종 신앙의 조상이라고 언급하는 청교도들, 즉 메이플라워(Mayflower)호를 타고 1620년 11월 11일에 플리머스(Plymouth, Mass.)에 도착한 이들은 영국 교회에 대해서 분리주의적 입장을 취하였다. 이들은 목사나 성례가 아니라 회심한 교인들이 참 교회를 이룬다는 입장을

---

16 F. C. Senn, 앞의 책, 513. 기도서보다는 즉석 기도(extemporaneous prayer)를 선호하는 전통에서는, 기도가 지닌 송영, 찬양(음악), 감사의 측면을 간과할 위험이 크다. 한국교회의 기도에서는 주로 죄 고백과 간구의 측면이 강화되어 있다. 기도에 대한 이해 역시 부흥운동의 영향 하에 있다는 증거이다.

취했다.[17] 회중교회의 창시자로서 이들에게 영향을 미쳤던 브라운(Robert Browne, 1550-1633)은 회집된 교중이 참 교회이며, 목회는 그런 언약공동체에 종속적이라는 입장을 밝혔다(1585년).[18] 이런 극단적인 분리주의를 예로 삼지 않는다 하더라도, 한국교회에 영향을 미친 미국장로교회의 역사에는 이런 비예전적인 자세가 깊이 깔려있었다.

미국교회 안에는 성공회나 일부 루터파를 제외하면, 설교 중심의 비예전적이고 청교도적이며, 복음주의적인 예배가 일반적이었다. 즉 단순한 예배순서를 선호하면서 성찬은 1년에 4회 시행했다. 또 여러 교파에서는 평신도들이 공예배의 일부를 맡았으며, 굳이 성직자의 예복을 고집하지 않았다.[19] 목사는 성령님의 인도를 따라 원고 없이 설교해야 하며, 기도서를 거부하면서 즉석 기도를 선호하였다.

미국교회의 이러한 예배의 뿌리에는 청교도와 종교개혁자들의 예배 이해가 깔려있다. 영국성공회의 주일

---

17 Fr .J. Bremer, The Puritan Experiment: New England Society from Bradford to Edwards (New York: St. Martin's Press, 1976), 54.

18 Everett Emerson, Puritanism in America 1620-1750 (Boston: Twayne Publishers, 1977, 39; D. Beale, The Mayflower Pilgrims (Greenville, S.C.: Ambassador-Emerald International, 2000), 8-16..

19 I.T. Jones, 앞의 책, 200-201.

예배는 설교가 중심을 이루고 성만찬은 포함되지 않은 예배이다. 웨스트민스터 예배모범은 이를 공예배(Public Worship)라 부르는데, 이것은 설교가 추가된 성공회의 아침 기도회에서 연유한다. 예배에의 부름, 기도, 성경(각각 신구약 한 장씩), 긴 기도, 설교, 설교 후 기도, 시편 찬송과 강복선언으로 구성된다.[20] 청교도들이 종교개혁자들의 예배 이해를 좀 더 단순화하려는 시도의 결과이었다.

개혁자들의 예배

개혁자들은 성경을 예배의 규범으로 삼으면서 초대 교회로 돌아가려고 하였다. 이런 자세로 그들이 중세 예배를 개혁하였고, 형식인 결과로는 예배가 단순화되었다.[21] 중세 예배인 미사는 중보자 예수님을 통하지 않은 우상숭배여서 복잡하였다. 개혁자들은 중세의 복잡한 미사를 개혁하면서 예배순서를 단순화시켰다. 예배의 개혁은 정당하였지만, 이런 단순화는 동시에 성찬이 배제된 공예배의 출발이기도 하였다.

---

[20] James F. White, A Brief History of Christian Worship (1993), 정 장복 역, 「예배의 역사」 (서울: 쿰란출판사, 1997), 168, 224.

[21] H. Davies, The Worship of the English Puritans, (1948; Reprint; Morgan, PA: Soli Deo Gloria Publicatins, 1997), 13-23.

루터(1483-1546)는 중세의 수많은 절기들을 폐지하고 오직 주일과 주님의 구원사역과 연관된 절기들만 지키려고 하였다. 또 미사가 지닌 제사의 의미를 제거하였다. 이와 동시에 중세가 미사를 전후하여 예배에서 지켰던 여러 순서들을 폐지하였다. 이리하여 30-40여 순서를 가졌던 로마교 미사가 15 순서 전후로 축소되었다. 그는 성경봉독과 설교를 가장 중요한 부분으로 보았다. 성찬에서는 공재설(共在說)[22]을 주장했고, 새로운 찬송들을 작곡하고 도입하였다. 그럼에도 루터는 개혁자들 가운데서 가장 보수적이었다. 특정한 날에는 라틴 미사를 원했고, 예복, 등, 제단, 성찬 용기, 그림, 십자가 상, 종 등을 상당 기간 동안 사용하였다. 루터파는 통일된 예전을 가져본 적이 없다.[23]

쯔빙글리(1481-1531)는 프론(prone)에 기초하여 설교를 중심으로 삼고 성찬을 약화시킨 예전을 제창하였다.[24]

---

22 그리스도께서 성찬의 떡에 함께 계신다는 뜻.(편집자 주)

23 W.D. Maxwell, An Outline of Christian Worship (London, New York & Toronto: Oxford University Press, 1936), 69-80.

24 프론(prone)은 중세 프랑스와 독일에 유포되었던 간단한 예배이다. 미사에 앞서 설교단에서 행하던 설교이다. 'praeconium, praedicatio'에서 온 말이다. Liturgeia, III, 20. 모국어로 진행되었고, 죄 고백과 사죄 선언, 기도, 서신서와 복음서 낭독, 교리, 설교, 훈계, 주기도문으로 구성되었다. I. T. Jones, 앞의 책, 148.

예배에서 오르간을 사용하지 못하게 하였고, 회중의 찬양 대신에 시편 교독을 도입하였다.

스트라스부르의 **부서**(Martin Bucer, 1491-1551)는 중세의 성찬을 포함하지 않은 예전(the Ante-Communion)을 토대로 루터가 발전시킨 것을 따랐다. 그는 미사라는 말 대신에 '주의 만찬'(고전 11:21)을 사용하였고, 사제를 목사로 불렀다. 그 또한 설교를 예배의 가장 중요한 부분으로 보았고, 시편찬송을 선호하였다. 성인축제일을 폐지하였고, 성찬 집례용 예복도 없애버렸다. 성찬은 매달 한 번씩 지켰으나, 성찬이 없는 예배에서는 성찬과 관계되는 의식을 생략한 간단한 예배를 드렸는데, 이 형태는 제네바와 스코틀랜드 개혁교회의 아침예배 형성에 큰 영향을 끼쳤다.[25]

칼뱅(1509-1564)은 만 2년 동안 스트라스부르에서 불란서 피난민으로 구성된 개혁교회를 담임하면서 부서의 예전을 참조하였고 이를 나중에 제네바에 도입했다. 그는 성찬이 없는 주일 예배는 완전하지 않다는 확신을 가졌지만, 그가 도입한 1542년 제네바 예전 역시 성찬을 포함하지 않은 예전(the Ante-Communion)에 기초한다. '우리

---

[25] Jones, 위의 책, 161-162.

의 도움은', 사죄의 기도, 사죄 선언, 십계명송, 하나님의 도움을 간구하는 기도와 성경봉독, 설교와 구제, 헌금, 시편으로 연결된다. 주기도문에 이어 사도신경송을 부른다. 성찬식은 감사 기도, 제정의 말씀, 권면, 그리고 떡을 부수고, 회중은 시편을 부르면서 성찬에 참여한다. 그리고는 헌금과 강복선언(아론의 강복선언)으로 마친다. 칼뱅은 매주 성찬 시행을 주장하였다.[26] 성찬이 없는 예배는 완전한 예배가 될 수 없다고 주장하면서, 예배의 두 부분이 완전히 나누어지는 것을 반대하였다. 그는 부서로부터 배웠고, 녹스는 그에게서 배워 도입하였다.[27] 스코틀랜드에서도 분기별 성찬이었다(3배수의 달).

미국 장로교회

칼뱅의 강력한 염원에도 불구하고, 성찬이 배제된 설교 중심의 단순한 공예배가 개혁파와 장로교 전통이

---

26 칼뱅은 이미 그의 제네바 사역 1기 중이던 1537년에 매주 성찬 시행을 주장했고, 제네바의 3개 교회당에서 매달 한 번씩 차례로 시행하되 피구피인들만이 아니라 모든 교인들이 참여하도록 하자는 실제적인 제안까지 하였다. Articles concerning the Organization of the Church and of Worship at Geneva proposed by the ministers at the Council January 16, 1537, J. K. S. Reid, ed & tr.Calvin: Theological Treatises, The Library of Christian Classics XXII, (London: SCM, 1965), 49-50.

27 Maxwell, 앞의 책, 112-119.

되었고, 청교도들은 설교 이해나 직분 이해에 있어서 이보다도 더 단순한 예배양식을 취했다. 미국장로교회는 총회를 조직한 1788년에야 웨스트민스터 예배모범을 채택하였다. 그럼에도 예배모범 자체가 필수조항이 아니었기 때문에, 미국장로교회의 예배는 여전히 정해진 형식이 없었다. 게다가 얼마 뒤에 일어났던 2차 부흥운동은 새로 출범한 장로교회를 강타하였다. 첫 분열은 부흥운동의 첫 주역 중의 한 사람이었던 스톤(Stone)이 감행하였다. 그는 켄터키대회(Synod)로부터 감리교의 은혜교리를 받아들인다는 질책을 받게 되자, 추종자들과 더불어 1803년에 스프링필드(Springfield)노회를 조직한다. 두 번째 분열은 친(親) 부흥파인 컴벌랜드(Cumberland)노회의 제명이었다. 이 노회는 부흥운동의 속도에 맞게 목사 수급이 따르지 못하자, 자격을 갖추지 않은 권사(exhorters)를 목사로 안수하였고, 이 때문에 켄터키대회가 이들을 제명하였다.[28] 부흥운동의 여파로 이 외에도 작은 규모의 분열들이 일어나자, 장로교회는 총회 선교부가 내지 선교를 주도하면서도 자발적인 선교회들도 인정하는 양면 정책

---

[28] Winthrop S. Hudson, Religion in America (New York: Charles Scriber's Sons, 1981), 139.

을 쓰기 시작한다. 이것은 당시에 부흥을 주도하던 감리교회와의 관계 설정에 내재한 고민과 애로를 보여준다.[29]

종교개혁은 미사를 비판하고 성찬을 약화시키면서 설교 중심으로 예배의 단순화를 정착시켰고, 이를 계승한 청교도와 웨스트민스터 예배모범도 공예배를 더 단순화시켰다. 미국교회는 이런 전통을 이어받았고, 음악과 설교를 중심으로 회심을 목표로 삼은 서부개척지역의 자유교회적인 집회 형태의 예배가 이후 장로교회의 공예배에도 큰 영향을 미쳤다.

3. 공예배의 회복

우리는 이런 상황에서 장로교회의 예배지침을 참고하면서 공교회적인 공예배의 회복을 모색해 보려 한다. 이를 위해 다음 두 가지 사실을 염두에 두어야 한다. 첫째, 온 회중이 모여 하나님을 찬양하는 공적인 성격을 지닌 공예배가 한국교회 안에서는 사적인 경건을 표현하는 장으로 바뀌었다는 것이다. 둘째, 성찬이 있어야 온전한 공예배라는 사실이다.

---

29 Hudson, idem, 147.

장로교회는 자기의 정체성을 신앙표준과 관리표준에서 밝힌다. 신앙표준은 신앙고백과 대소교리문답을 포함한다. 관리표준에는 교회, 교인, 목사, 장로, 집사, 당회와 노회와 총회 등을 다루는 교회정치와 교회 내에서 일어나는 재판과 징계, 용서 등을 다루는 권징조례가 있다. 그리고 공예배와 기도회(prayer meeting) 등을 다루는 예배지침도 여기에 속한다.

예배지침 1조는 "교회란 예수 그리스도의 공로로 구원받은 그리스도인들이 모여 하나님 앞에 예배하는 공동체"라고 규정한다. 예배가 있는 곳에 교회가 있다는 선언이다.[30] 그러면 예배가 무엇인가? "예배는 예수 그리스도를 믿음으로 구원을 받고 하나님의 자녀가 된 신자들이 하나님의 은혜에 보답하는 대표적인 행위이며… 신자들은 언제 어디서든지 예배할 수 있으나 특별히 성별된 장소에서 주님이 부활하신 주의 날에 함께 모여 공동으로 드리는 것이 마땅하다."(2조) 여기서 말하는 예배는 주일 '공예배'이다. 예배지침은 주일예배순서를 8조에서

---

[30] 대한예수교장로회고신총회, 「헌법」 (서울: 총회 출판국, 2011)을 따른다. 이 예배지침은 교회를 예배의 관점에서 정의하는 것은 종교개혁의 전통에 서있다. "구주 그리스도 안에서 말씀과 성령님으로 참 하나님을 진실하게 알고 바르게 예배하며, 그리스도를 통하여 만인에게 주어진 영적 유익들에 믿음으로 참여하는 성도들의 교제가 교회이다.", Confessio Helvetica posterior, 17장 1항.

말하는데, 여기에는 기도, 찬송, 성경봉독, 성경해석과 설교, 세례, 성찬, 감사기도, 성경문답, 헌금, 권징, 강복선언(benediction) 등이 포함된다.[31] 이런 순서로 진행되는 예배를 주일 공식예배라 하고, 공예배를 제외한 일체의 모임은 원칙적으로 기도회라 부른다(28조).

사실 예배지침이라는 말은 공예배지침(The Directory for the Public Worship of God)의 역어인데, '공'이라는 말이 빠진 채로 번역하고 기도회에 대한 규정까지 넣었다. 기도회에는 수요기도회, 새벽기도회, 구역기도회, 가정기도회, 기타기도회(철야, 심방 등) 등이 있다(30조). 공예배는 위에서 언급한 대로 주일에 신자들이 모여서 공적으로 행하는 예배를 말한다. 우리 예배지침은 이런 복잡한 배경에도 불구하고 주일에 신자들이 공동으로 모여드리는 공예배와 기도회를 구별하고 있다. 그나마 다행이다. 나아가 공예배와 주일을 포함한 평일에 구도자를 대상으로 하여 회심을 목표로 삼는 집회를 명백하게 구

---

[31] 지금 한국 장로교회의 주일 공예배에서 시행되지 않는 성경문답과 권징은 미국 초기 회중교회의 전통에서 왔다. Senn, 앞의 책, 513. 설교 후에 장로가 회중을 권면하고 나면, 회중이 설교자에게 설교 내용을 질문하였다. 그리고 오후 예배 때는 회원 가입이나 권면, 출교의 순서가 있었다. 특히 후자의 사안은 이를 당회의 소관으로 보는 장로교회의 정치와는 상충되는 회중교회 특유의 전통인데도, 어떻게 장로교회의 예배지침에 포함되어 있는지는 큰 의문이 아닐 수 없다.

별할 수 있는 기초를 제공하고 있다.

공예배는 예전이다. 예전(liturgy)은 신자들이 공적 모임에서 하는 행사이다. 예배(worship)는 예전과 다소 차이가 난다. 예배는 개인과 가정과 특정 집단이 행하는 기도를 포함한 경건생활을 지칭한다. 그런데 예전에는 기도의 측면도 있지만, 예전은 무엇보다도 의식적(ritual)이다. 의식은 공동체가 하나님 앞과 서로에게 하는 행동도 포함한다. 의식을 포함하는 예전은 공적인 행위(public work)이다.[32]

예전으로서 공예배는 역사적인 구원사역의 재현을 통하여 회중이 이 사역의 주인공이신 삼위 하나님과 누리는 교제이다. 공예배는 역사적인 사건을 재창조하고 재현한다.[33] 이때에 성찬이 중심에 선다. 신약에 나오는 '기억'(고전 11:24,25; ἀνάμνησις 요 15:20; μνημονεύετε)은 성찬 예전을 통하여 삼위 하나님의 구원사역을 재현하는

---

[32] Senn, 앞의 책, 3. 그러므로 예전은 고백행위의 한 형태요 문화를 담고 있는 포괄적 형태이다. 사역자나 교중의 행위나 말은 다 고백행위요 고백보다 더 크다. 고백은 정적이지만 고백행위는 동적이다. 예전은 신비한 의식으로 교의를 표현하는데, 이 교의는 신경에서 신앙진술 형태로 나타난다. W.F. Golterman, Liturgiek (Haarlem: De Erven, 1951), 2.

[33] 개신교 예배학자들은 로마교적인 견해를 거부하기 때문에, '재현'(representing)을 좋게 여기지 않는다. I.T. Jones, 앞의 책, 72.; R.E. Webber, Worship Old and New (Grand Rapids: Ministry Resources Library, 1982), 93-94.

공적 예배행위를 의미한다. 고린도전서 11:18-20은 성찬과 교회의 밀접한 관계를 보여준다. 어떤 도시에 사는 교인들이 '교회에 (함께) 모일 때에'(18절; συνερχομένων ὑμῶν ἐν ἐκκλησίᾳ), '함께 모여서 주의 만찬을 먹었다'(20절; Συνερχομένων οὖν ὑμῶν ἐπὶ τὸ αὐτὸ). 동사 '함께 모이다'에 따르는 표현은 동일한 내용을 지칭한다. 즉, 성찬과 교회가 동의어로 쓰이고 있다. 성찬이 시행되는 그 지역교회가 '온 교회'(롬 16:23; ὅλης τῆς ἐκκλησίας), 즉 공교회이다.[34] 이들은 주로 주일에 모여 떡을 뗐다. 형제애로 함께 모이는 것은 기독교가 처음 주창하지는 않았다. 로마 사회의 조합(collegia)은 매달 회비를 거두고, 회원은 서로 형제라 불렀다. 유대인들은 피(인종적)를, 로마인은 조합(사회적)을 기초로 삼지만, 그리스도 안에서 형성된 제 삼의 족속인 교회는 달랐다(갈 3:28). 이 차이는 성찬 공동체에서 잘 나타난다. "아주 주목할 만한 사실은, 고대교회의 교회론이 비극적으로 상실된 현대의 교회들과는 달리, 특별히 아동들이나 학생들이나 특정 부류를 위한 성찬 시행은 없었고, 사적으로나 개인적으로 시행되는 성찬도 없었

---

[34] J.D. Zizioulas, Being as Communion (Crestwoord, NY: Vladimir's Seminary Press, 1993), 148-9. 『친교로서의 교제』(삼원서원)

다. 이러한 일은 예배(λειτουργία), 즉 같은 도시의 모든 신자들을 위한 '공무(公務)'였던 성찬의 공교회적인 성격을 정면으로 파괴한다. 성찬 공동체는 그 구성에 있어서 공교회적 공동체이다. 이 공동체는 완성된 하나님 나라를 보여주고 있는데, 그 나라처럼 사회적 구분 뿐 아니라 자연적 구분을 초월한다는 뜻이다."[35]

개혁자들이 설교와 성례가 집행되는 곳을 교회라고 본 것은 탁견(卓見)이다. 은혜의 방편인 설교와 성례는 부활하신 주님의 명령을 따라 부활의 주님을 증거한다. 세례는 삼위 하나님의 이름으로 인을 쳐서 주님의 소유됨을 선포함이요, 떡과 잔에는 예수님의 보혈과 십자가, 부활과 승천, 재림와 천국 잔치가 다 들어있다. 예전이 지닌 공적 성격은, 구속받은 성도들이 함께 모여 예전에서 어제나 오늘이나 영원토록 동일하신 삼위 하나님을 뵙고 교제하고 찬양하는 것이다. 예전의 주인은 삼위 하나님이시다. 사도들은 "(너희가 죽인) 이 예수님을 하나님이 살리신지라. 우리가 다 이 일에 증인이라."(행 2:32)고 설교했다. 설교는 개인의 체험이나 의견 개진이 아니라 삼위 하나님께서 공적으로 행하셨던 크신 일에 대한 증언

---

35 .Zizioulas, 앞의 책, 151-152.

이다.[36] 스데반의 설교도 하나님이 하신 일들을 증거한다 (행 7장). 그는 성령님으로 충만하여 하나님의 영광과 예수님께서 하나님 우편에 서신 것을 보고 말하였다(행 7:55, 56). 비록 사도행전의 설교가 예전적인 설교는 아니라 할지라도 설교는 하나님께서 그리스도 안에서 행하셨던 큰 일을 성령님의 능력으로 하는 증언임을 확연하게 보여준다. 사도들은 '성령님으로 충만하였다'(행 2:4, 4:31, 7:55). 설교는 증언인데, 성령님은 부활하신 주님을 증거하며, 따라서 성령님에 충만하여야 부활의 주님을 증거할 수 있다(행 5:32; 요 15:26, 27). 설교는 간증이 아니다. 설교자는 사적인 신학의 장소인 골방에서 개인적인 간증을 할 수 있다. 그러나 공적인 신학의 장소인 설교단에서는 삼위 하나님께서 하신 일을 공적으로 증거하고 재현해야 한다.[37]

그런데 우리가 위에서 살펴본 대로, 한국교회가 체험하는 예배는 이런 성격을 대부분 상실하고 말았다. 모든 회중이 하나님을 찬양하는 공예배의 공적인 성격은 예배에 참여한 개인의 회심이나 주관적인 신앙의 표현

---

36 cf. 김금용, "삼위일체 하나님의 말씀으로서의 설교: 설교의 한 신학", 「현대사회와 예배설교 사역: 청해 정장복 박사 회갑 기념 논문집」, 73-92.

37 '신학함' 대해서는 저자의 『신학:삼위일체 하나님을 향한 송영』(2007, 성약)의 제1장을 참조하라.

으로 대치되기 시작하였다. 말하자면 공예배가 이름만 공예배일 뿐 실제로는 집회나 기도회의 성격이 더 강하다. 청교도와 경건주의, 그리고 부흥운동을 거치면서 설교는 회심을 유도할 목적으로 지극히 주관적 성격을 지니면서, 공적으로 하나님을 찬양하고, 하나님의 사역을 재현하는 본래의 목적은 약화되고 말았다. 이와 동시에 찬송이나 기도도 주관적이고 감정 표현의 방편으로 변질되어 버렸다.[38]

여기에 큰 문제점이 나타난다. 이 문제점은 중세의 문제와 그 맥을 같이 한다. 중세 예전의 변질은 바로 예전의 공적 성격이 사적이고 주관적인 경건의 표현 방편으로 변질됨에 있었다. "예전은 하나님의 모든 백성이 공적으로 하는 행위가 아니라, 경건을 위해서 행해졌다."[39] 말하자면 예전이 삼위 하나님의 사역을 재현함으로써 개인 경건의 기초가 되기보다는 예전 자체가 개인 경건의 표현이 되었다. 특히 사제는 찬양대로부터 격리되어 개

---

[38] 한국교회는 시편을 부르는 종교개혁의 전통을 애초부터 전수받지 못했다. 미국의 초기 교회도 시편을 불렀고, I. Watts(1674-1748)의 찬송도 부흥운동에서 유래하는 찬송이나 지금의 복음송 저자와는 수준이 다르다. M.W. Armstrong, ed., The Presbyterian Enterprise: Sources of American Presbyterian History (Philadelphia: Westminster, 1956), 96.

[39] Senn, 앞의 책, 212.

인적인 기도시간을 가지면서 미사를 집전하고, 찬양대는 다른 교중과 격리되어 찬트를 불렀다.[40] 한 건물 안에서 각각 다른 공간에 배치되어 각각의 경건을 표현하였다. 예전이 지닌 공동체적인 공적 행위라는 성격은 이런 식으로 분산되고 묽어져버렸다. 이런 배경에서 사적인 미사는 쉽게 도입되었고, 미사와는 무관한 개인적이고 사적인 성찬 집례도 등장하였다. 예전이 지닌 성례전적인 의미는 약화되고 제사적인 측면만이 점차 부각되고 말았다. 나아가 화체설이 교의로 선포되면서 빵과 포도주를 경배하는 개인 경건도 권장되었다. 이와 더불어 미사는 예배자와는 무관한 객관적이고 참여하기 무서운 예식이 되고 말자, 교인들은 교회가 제시하는 사적인 경건 수행에 집착하거나 미신적인 신앙생활에 빠지게 되었다.

예전이 지닌 공적 성격이 사적 경건의 형식으로 변질된 대표적인 예가 고해성사이다. 엘비라회의(Elvira, Spain; 306년)는 배교, 간음과 살인의 경우에는 세례 후 평생 1회에 한하여 공적 참회가 있어야 한다고 규정하였다. 그러나 그런 공적 참회는 점차 사라지고 교인들이 사적인 고해성사를 년 1회 의무적으로 시행해야 한다는

---

40 "개인적 미사는 회중의 영혼을 파괴하는 암이 되었다", Maxwell, 앞의 책, 67-68.

규정이 대신 들어섰다(1215년 라트랑회의). 결국 이 제도는 루터가 종교개혁의 기치를 들게 만든 면벌부[41]로까지 발전하였다.

말씀 선포나 기도나 찬양 모두 삼위 하나님의 창조와 구원사역을 찬양하는 신학이다. '신학'은 원래 '하나님에 대해서 말하다'는 뜻을 지녔다. 교회는 성자와 성령님을 하나님으로 부르고 선포한다는 의미로 이 이방인의 언어를 도입하였다. 결국 신학은 삼위일체론에서 완성에 이른다. 삼위일체론은 결코 이방 철학의 도움을 받은 사변의 산물이 아니라, 삼위 하나님의 사역을 재현함으로써 이 하나님을 고백하고 찬양하고 기리는 예전에서 나왔다. 신학은 지금도 예전으로부터 나온 반성적 성찰의 결과로서 수행된다. 즉 오직 예배자만이 신학할 수 있다. 더 소급하자면 사적인 신학의 장소인 골방이 없는 자는 공적인 예배에서 삼위 하나님을 찬양할 수 없고, 반성적 성찰인 신학도 할 수 없다. 예배자는 하나님을 이인칭 '주님'으로 부를 수도 있지만, 예배자가 자기 인격을 찬미의 제단에 제사 드림으로써 오직 하나님만이 만유의 만유가 되게 할 때, 진정한 예배가 된다. "찬송하리로다

---

[41] 흔히 면죄부라 부르지만, 정확히는 면벌부이다. 벌을 면제 받게 하는 부적이다.

우리 주 예수 그리스도의 아버지께서…." 이런 송영에서는 주관성 뿐 아니라 주관적 표현도 극도로 억제되지만, 사적 신학의 장소를 가진 자만이 공예배에서 올바른 예배자가 될 수 있고, 삼위 하나님을 바로 찬양하게 된다.

    한국교회의 공예배는 이 점에서 보자면 예전의 모습을 크게 상실하였다. 공예배가 진정으로 신학인가? 공기도가 진정으로 신학인가?[42] 찬양이 진정으로 신학인가? 집회와 예전, 기도회와 공예배의 구분이 무너진 한국교회의 예배는 예배라는 이름을 붙이기에 무리가 있다. 예배가 있는 곳에 교회가 있다는 예배모범의 규정이 옳다면, 예배가 없는 곳에 교회도 없다는 결론 역시 먼 곳에 있지 않다.[43] 한국교회는 공교회적인 기독교의 전통을 이어받지 못하였고, 결과적으로 아류 기독교로 전락할 위험에 처해 있음을 명심해야 할 것이다.

---

[42] 예배지침(11조)이 제시하는 바와는 달리, 한국교회의 공예배의 공식기도는 하나님의 영광을 고하고 하나님의 은혜를 먼저 감사하기 보다는 곧장 자복하고 간구하는 식으로 정착되었다.

[43] "예배신학자들이 한국교회를 다녀갈 때마다 한국교회의 예배는 '예배, 예전이 심각하게 결여된 교회이다,' 또는 '회중 집회이지 결코 예배는 아니다'라는 말을 남기고 간다." 정 장복, "한국교회 예배, 예전 형태 백년", 「기독교사상」, 318호, 1984년 12월호, 70.

4. 예배 집례자의 책임과 예배의 개혁

공예배의 주요 두 부분인 설교와 성례는 삼위 하나님의 역사적인 사역을 재현하여 성도들이 하나님과 그분의 사역을 직접 체험하게 하여 오직 그분께만 영광을 돌리는 공적인 직무이다. 이 막중한 직무를 목사가 맡으며 예전이 올바르게 시행되는 곳에 교회가 있으며, 예전의 회복이 곧 교회의 개혁이다. 종교개혁의 전통에서는 목사를 '말씀의 사역자'이라고 칭하는데, 목사가 성례의 집례자라는 점도 동시에 강조하려고 한다.

목사는 말씀과 성례로써 삼위 하나님의 사역을 재현한다. 예배에서 우리는 삼위 하나님께서 역사적으로 '우리를 위하여' 행하신 큰 일들을 다시 경험한다. 목사는 직분자로서 이 경험을 공적으로 재현하는 책임을 지고 있다. 그러므로 목사는 사적인 경건과 체험을 설교와 성례에서 재현하지 말아야 한다. 이 말은 목사의 경건을 무시하거나 배제해야 한다는 의미가 아니다. 목사는 사적인 신학의 좌소인 골방에서 하나님과 그분의 사역을 체험해야 한다. 다만 예배에서는 목사가 공인으로서 말하며, 자기의 체험이 아니라 하나님과 그분의 사역을 재

현해야 한다.[44]

이렇게 예전의 회복은 단지 의식의 갱신만을 뜻하지는 않는다. 역사적으로 일어났던 예전회복운동은 대개 실패로 좌절한 경우가 많다. 이런 예배는 너무 객관적이어서 메마르게 보일 수 있기 때문이다. 이 위험을 어떻게 타개해야 하겠는가.

첫째로, 맹목적인 과거회귀적인 회복은 진정한 회복이 될 수 없다. 예전은 교회사에서 교회가 처한 문화적 상황 속에서 형성되고 활성화되기 때문이다. 문화적인 옷은 도입할 때부터 잘 살펴야 한다. 그리고 예전 자체는 토착화의 좋은 소재이기도 하다. 교회사에서 나타난 서구교회의 예전을 그대로 답습할 것이 아니라, 예전이 지닌 성경적 교훈과 교회사적 전개 과정을 참조하면서 한국적인 모습을 담을 수 있을 때, 예전이 지닌 공교회성을 확보할 수 있다. 가령 고대교회가 성찬 참여 직전에 서로 '거룩한 입맞춤'(고전 16:20)을 나눈 전통을 응용하여, 뜨거운 성정을 지닌 우리 교회에서는 성찬에 참여

---

[44] "설교자가 설교의 그늘 밑으로 사라지고 성 삼위 하나님이 지배하는 설교가 되어야 한다. 성 삼위 하나님의 현존이 뚜렷할수록 설교자는 감추어지고 회중은 하나님과 만나게 된다.", 정 장복, "聖言運搬—손으로서의 설교 사역 이해", 「현대사회와 예배 설교 사역: 청해 정장복 박사 회갑 기념 논문집」, 104.

하고 나서 한바탕 춤을 추고 기쁨을 함께 누릴 수 있다.[45]

둘째로, 설교자와 집례자인 목사의 영적 경건의 개입을 주의해야 한다. 설교자와 집례자는 사적이고 개인적이며 주관적인 감정을 예배에서 표해서는 안 된다. 그것은 그의 사적인 신학의 좌소인 골방에서 할 일이다. 그는 철저하게 하나님의 분부를 받드는 공인으로서 예배를 집례해야 한다. 그는 설교와 성례를 통하여 하나님의 은혜와 영광을 드러내어야 하며, 오직 도구로서 하나님의 나타나심의 방편이 되어야 한다. 그렇기 때문에 목사는 개인의 경건의 비밀을 기초로 하여 오직 하나님의 영광만이 빛나는 예배를 진행시켜야 한다. 그런 예배는 성도들에게 믿음을 불러일으키고 강화시킬 것이다. 이 점에서 흔히 말하듯, '목사는 교인의 수준에 맞게 설교하고 예배를 집례해야 한다'는 말은 합당하지 않음을 알 수 있다. 또 '목사의 영적 수준이 교인의 영적 수준을 결정한다'는 식의 주장도 교정되어야 한다. 공무인 공예배는 목사의 영적 수준을 발표하는 무대가 아니기 때문이다.

종교개혁자들이 말씀과 성례를 왜 은혜의 방편으로

---

45 이때에 가령 민요풍의 '예수님이 좋은 걸'을 부를 만하다.

불렀는지가 더 분명해진다. 중세가 미사라는 미신 행위에 빠졌을 때, 그들은 성례를 개혁하고, 말씀을 회복시켰다. 그러나 개혁의 후예들은 성례를 약화시키고, 말씀도 약화시켰다. 곧 예배의 위기를 자초했다.

미국교회의 영향을 받은 한국교회가 빈약한 공예배 전통을 전수받은 것은 피하기 어려운 일이었다. 그것이 문제의 출발점이라면, 성장한 교회가 신학을 발전시킨 교회사의 사실을 환기하면서, 예전의 개혁으로 교회를 개혁하고 신학을 올바르게 정립해야 하겠다. 무엇보다도 칼뱅이 염원했던 대로, 매주일 말씀 뿐만 아니라 성례가 있는 공예배를 확립해야 한다. 그리고 집회식의 공예배는 정리해야 할 것이다.

> "하나님의 말씀이 순수하게 전파되고 경청되며, 성례가 그리스도의 제정을 따라 집례되는 곳마다 교회가 있다는 것을 의심할 수 없다."(기독교강요 4권 1장 9절).

교회는 목사직의 수행에서 가시적이고 구체화된다고 보아도 무방하리라.